essentials

essentials liefern aktuelles Wissen in konzentrierter Form. Die Essenz dessen, worauf es als „State-of-the-Art" in der gegenwärtigen Fachdiskussion oder in der Praxis ankommt. *essentials* informieren schnell, unkompliziert und verständlich

- als Einführung in ein aktuelles Thema aus Ihrem Fachgebiet
- als Einstieg in ein für Sie noch unbekanntes Themenfeld
- als Einblick, um zum Thema mitreden zu können

Die Bücher in elektronischer und gedruckter Form bringen das Fachwissen von Springerautor*innen kompakt zur Darstellung. Sie sind besonders für die Nutzung als eBook auf Tablet-PCs, eBook-Readern und Smartphones geeignet. *essentials* sind Wissensbausteine aus den Wirtschafts-, Sozial- und Geisteswissenschaften, aus Technik und Naturwissenschaften sowie aus Medizin, Psychologie und Gesundheitsberufen. Von renommierten Autor*innen aller Springer-Verlagsmarken.

Weitere Bände in der Reihe https://link.springer.com/bookseries/13088

Sascha Genders

Generationenwechsel im Mittelstand

Wie Ihre Unternehmensnachfolge sicher scheitert ... und wie Sie es besser machen können

 Springer Gabler

Sascha Genders
Würzburg, Deutschland

ISSN 2197-6708   ISSN 2197-6716 (electronic)
essentials
ISBN 978-3-662-64217-7   ISBN 978-3-662-64218-4 (eBook)
https://doi.org/10.1007/978-3-662-64218-4

Die Deutsche Nationalbibliothek verzeichnet diese Publikation in der Deutschen Nationalbibliografie; detaillierte bibliografische Daten sind im Internet über http://dnb.d-nb.de abrufbar.

Planung/Lektorat: Mareike Teichmann
Springer Gabler ist ein Imprint der eingetragenen Gesellschaft Springer-Verlag GmbH, DE und ist ein Teil von Springer Nature.
Die Anschrift der Gesellschaft ist: Heidelberger Platz 3, 14197 Berlin, Germany

Was Sie in diesem *essential* finden können

- Der Mittelstand ist das Rückgrat der deutschen Wirtschaft und steht vor einer kaum beachteten Herausforderung: dem Generationenwechsel im Mittelstand.
- Der demografische Wandel der heutigen Unternehmergeneration wird zu einer Zunahme an Unternehmensübergabefällen führen. In Folge der nach wie vor geringen Anzahl an Existenzgründungen hierzulande kann dieses Angebot an Betriebsübergaben zugleich mangels Nachfrage in Form von potenziellen Betriebsübernahmen immer schwieriger befriedigt werden. Das Problem: Scheitert der Generationenwechsel, erodiert der Mittelstand.
- Neben wirtschafts- und gesellschaftspolitischen Weichenstellung liegen Erfolg und Misserfolg einer Unternehmensübergabe nicht zuletzt in der Verantwortung der handelnden Unternehmer. Damit eine Betriebsübergabe erfolgreich wird, ist eine Vielzahl an Facetten zu beachten. Welche dies sind, das zeigt Ihnen das vorliegende Buch.
- Für einen Unternehmer gehört die Betriebsübergabe zu den wichtigsten Aufgaben seines Unternehmerlebens, zugleich ist diese Trennung vom Lebenswerk mit Herausforderungen, aber auch Chancen verbunden.
- Dieses Buch spricht Leser an, die sich mit den Themen Unternehmensnachfolge, Mittelstand oder Existenzgründung beschäftigen und die zugleich erfahren möchten, was man tun sollte, damit aus der eigenen Sicht heraus eine Betriebsübergabe sicher scheitert (oder vielleicht doch gelingt)!

Für meine Frau!

Vorwort

Wir alle werden älter! Dies gilt auch für Unternehmerinnen und Unternehmer. Mit dem Älterwerden geht stets der Blick in die Zukunft einher. Was kommt morgen? Für jede Unternehmerin oder jeden Unternehmer[1] bedeutet dies die Frage nach der Zukunft des eigenen Unternehmens, wenn man einmal nicht mehr ist. Wie geht es mit dem Betrieb weiter? Habe ich einen Nachfolger? Falls nicht, wie finde ich ihn? Wie geht die Mitarbeiterschaft mit dem Chefwechsel um? Was sagen langjährige Kunden? Wenn ich übergeben möchte, wie geht das eigentlich genau? Ist es besser, das Unternehmen zu verkaufen? Letztlich geht es um die entscheidende Frage: Was wird aus dem aufgebauten, womöglich selbst von vorhergehenden Generationen übernommenen Lebenswerk?

Eines kann ich Ihnen versprechen: diese Fragen wird sich jeder Unternehmer unter Ihnen einmal stellen! Und noch eines ist sicher: der Großteil zögert die Beantwortung dieser Fragen möglichst lange hinaus. Und der Grund ist klar: es geht um die Auseinandersetzung mit dem eigenen Ende, mit der eigenen Sterblichkeit. Dies ist für niemanden ein beliebtes Thema, das man anpackt – wenngleich es zur Wahrnehmung eigener Verantwortung gehört, sich eben diese Fragen zu stellen und nach Antworten zu suchen.

---

[1] Im Folgenden wird ausschließlich die maskuline Form verwendet.

Die Unternehmensnachfolge gehört zu den wichtigsten Aufgaben eines jeden Unternehmers. Ich verfüge über langjährige Erfahrung in der Beratung von Betriebsübergaben und könnte Ihnen zahlreiche Geschichten darüber erzählen. Und genau das habe ich vor! Sie halten ein Buch für jeden in den Händen, den der Generationenwechsel im Mittelstand interessiert. Die Ausführungen an späterer Stelle richten sich sicherlich im Wesentlichen an diejenigen Leser unter Ihnen, die sich selbst mit der Betriebsübergabe befassen. Aber auch für potenzielle Übernehmer und weitere Interessierte kann es einen Mehrwert bieten, sich mit der Thematik, den Fallstricken und Chancen einer Unternehmensnachfolge zu befassen. An potenzielle Übernehmer unter Ihnen sei der Hinweis gerichtet, dass es sich nicht um ein Buch handelt im Sinne von „Wie gründe ich ein Startup?" oder „So starte ich erfolgreich mein eigenes Unternehmen!". Die potenzielle Übernahme eines Unternehmens ist einerseits zwar formal eine Unternehmensgründung wie jede andere auch, jedoch ist sie andererseits alles, nur eben keine klassische Gründung. Wieso und weshalb, das erkläre ich an späterer Stelle. Mein Tipp an Sie als Gründungsinteressierter: Lesen Sie trotzdem weiter, denn vielleicht ist ja gerade eine Betriebsübernahme die für Sie richtige Variante zum Schritt in die Selbstständigkeit!

Dieses Buch ist kein vor Theorie strotzendes Fachbuch. Es gibt mehr als genug adäquate Literatur, auf die ich Sie gerne verweise. Neben der Grundkonzeption des Buches, Ihnen primär aufzuzeigen, wie man es besser nicht machen sollte mit Blick auf den Generationenwechsel, möchte ich wann immer möglich versuchen, meine Ausführungen mit Beispielen aus der Praxis anzureichern. Hierbei achte ich jedoch stets darauf, dass weder Namen von Beteiligten oder Unternehmen genannt werden, noch dass nur auch ein kleinster Rückschluss auf einen „echten" Fall gezogen werden kann. Alle Menschen, mit denen ich je im Dialog zum Generationenwechsel stand, können sicher sein, dass Vertraulichkeit das höchste Gut ist und diese stets gewährleistet ist. Nichtsdestotrotz sind diese Praxisbezüge zur Verdeutlichung meiner Argumentation gut und tragen zur Relevanz und Veranschaulichung meiner Argumentation bei.

Was erwartet Sie? Nach kurzer Einführung in Kap. 1 möchte ich Ihnen in Kap. 2 die Relevanz der Herausforderung Generationenwechsel vergegenwärtigen. Alle Statistiken zeigen, dass stetig mehr Unternehmen vor der Frage stehen, wie sie die eigene Unternehmensnachfolge meistern können (oder sollen). Sie erfahren, wie enorm diese Problematik ist und wie dramatisch es noch werden kann. In Kap. 3 habe ich Ihnen die aus meiner Sicht ultimativen Tipps zusammengetragen, damit Sie – insofern Sie vor der Frage der Unternehmensübergabe stehen – garantiert scheitern. In einer Mischung aus Fachwissen, Erfahrung in der Nachfolgeberatung sowie anhand von einigen Praxisbeispielen zeige ich Ihnen

Dinge auf, die Sie besser nicht tun sollten, wenn ein Betrieb erfolgreich an die nächste Generation übergeben werden soll. Kap. 4 baut auf dem bis dahin Gelesenen auf und bietet einige Handlungsempfehlungen wie es besser laufen könnte, bevor Kap. 5 das Buch beendet.

Bei der Lektüre wünsche ich Ihnen viel Vergnügen!

Dr. Sascha Genders

Inhaltsverzeichnis

Über den Autor

Dr. Sascha Genders, LL.M. Eur., Jahrgang 1979, ist promovierter Volkswirt und Magister des Europäischen Rechts. Seine akademische Laufbahn startete er am Lehrstuhl des ehemaligen Wirtschaftsweisen Professor Dr. Peter Bofinger in Würzburg. Dr. Genders publiziert regelmäßig zu wirtschaftspolitischen Themen, zuletzt veröffentlichte er die Bücher „CSR & Hidden Champions – Mit Unternehmensverantwortung zum Weltmarktführer" sowie „Wie Gier uns retten kann. Nachhaltigkeit, Unternehmertum und das Streben nach Gewinn".

Dr. Genders verfügt über umfangreiches Fachwissen auf vielen Themengebieten, so auch im Bereich Unternehmensnachfolge. Aus langjähriger Berufspraxis als Leiter des Bereiches Existenzgründung und Unternehmensförderung der IHK Würzburg-Schweinfurt war und ist er mit Fragestellungen rund um den Generationenwechsel betraut und vereint theoretisches Fachwissen und Praxiserfahrung. Nicht nur der Einblick in die Praxis zahlreicher Betriebsübergabesituationen stärken sein Know-how, auch sein bundes- sowie weltweites Netzwerk prägen zusammen mit Vortrags- und Lehrtätigkeiten

sein Profil als Experte für den Generationenwechsel im Mittelstand. Zurzeit ist Dr. Genders stell-
vertretender Hauptgeschäftsführer der Industrie- und
Handelskammer (IHK) Würzburg-Schweinfurt.

Generationenwechsel im Mittelstand: Worum geht es?

Der demografische Wandel – die Alterung der Gesellschaft und die sich hierdurch ergebende Veränderung der Bevölkerungsstruktur – prägt unsere Gesellschaft enorm. Wir alle werden (zum Glück) statistisch gesehen älter. Zugleich ist die Geburtenanzahl heute niedriger als vor vielen Jahren. Während der Anteil junger Menschen in den letzten Jahren sukzessive gesunken ist und weiter abnehmen wird, steigt der Anteil älterer Menschen an der Gesamtbevölkerung. Der demografische Wandel bringt nicht zuletzt mit Blick auf wirtschaftspolitische Sachverhalte unzählige Fragestellungen mit sich, auch für das Thema Generationenwechsel im Mittelstand. Der demografische Wandel macht auch vor den Unternehmern nicht halt und trägt letztlich dazu bei, dass wir zukünftig im Durchschnitt deutlich ältere, dann weniger Unternehmer haben werden. Wie gravierend das Problem ist und welche Folgen sich hieraus ergeben, dies möchte ich Ihnen verdeutlichen. Wenngleich die Politik die Herausforderungen erkannt hat, egal ob Sie die Begriffe Nachfolge, Betriebsübergabe oder Generationenwechsel nehmen (ich verwende sie als Synonyme), die Dynamik und Intensität bei diesem Thema und insbesondere das Finden von Antworten auf viele Fragen in diesem Kontext sind ausbaufähig.

Der Titel des Buches lautet „Generationenwechsel im Mittelstand". Aber was ist „der" Mittelstand eigentlich? Es gibt verschiedene Ansätze zur Definition des Mittelstands. Vereinzelt wird auf Umsatzgrößen, Mitarbeiteranzahl oder Bilanzsumme abgezielt, um zum Beispiel eine Abgrenzung von kleinen und mittleren Unternehmen (KMU) gegenüber Großunternehmen vorzunehmen (Europäische Kommission 2003). Nebst quantitativen Kriterien sind auch qualitative Kriterien zu beachten, zum Beispiel die Eigentümerstruktur, Geschäftsführung oder ökonomische Unabhängigkeit. Konkret ist das Zusammenwirken von Eigentum, Handlung und Haftung mit Risikoübernahme prägend für mittelständisch geführte Betriebe (Institut für Mittelstandsforschung 2021). In Summe quantitativer und qualitativer Kriterien ergibt sich als Definition für den Mittelstand, dass es sich insbesondere um KMU handelt, bei denen Leitung beziehungsweise Verantwortung und Eigentum Hand in Hand gehen.

Der Mittelstand nimmt laut Bundeswirtschaftsministerium (BMWi) eine dominante Rolle ein: 99,6 % aller Betriebe sind ihm zuzurechnen. 58,5 % aller Beschäftigten sind dort tätig und 35,3 % des Gesamtjahresumsatzes aller in Deutschland tätigen Betriebe werden durch ihn erwirtschaftet. Und 82 % der Auszubildenden sind bei mittelständischen Betrieben beschäftigt (BMWi 2021). Der Mittelstand ist Arbeitgeber und Ausbilder, regionaler Anker und Stabilitätsgarant für die wirtschaftliche Prosperität, er ist verantwortlich für Innovation, Wettbewerb und letztlich eine international bekannte „Marke". Er ist Erfolgsfaktor und steht vor einem Problem: dem Generationenwechsel.

Fazit
Der Mittelstand ist Erfolgsgarant und Rückgrat der Wirtschaft. Gerade der Aspekt der Unternehmensnachfolge ist zugleich wesentlich für die Zukunft des Mittelstands, welcher nicht zuletzt aufgrund des demografischen Wandels stetig an Bedeutung gewinnt. Scheitert der Generationenwechsel im Mittelstand, scheitert das deutsche Erfolgsmodell Mittelstand.

Literatur

BMWi (2021) Erfolgsmodell Mittelstand. Bundesministerium für Wirtschaft und Energie, https://www.bmwi.de/Redaktion/DE/Dossier/politik-fuer-den-mittelstand.html. Zugegriffen: 04. Apr. 2021

Europäische Kommission (2003) Empfehlung der Kommission vom 6. Mai 2003 betreffend die Definition der Kleinstunternehmen sowie der kleinen und mittleren Unternehmen. Europäische Kommission. Amtsblatt der Europäischen Union. Nr. L 124 vom 20/05/2003 S. 0036 – 0041. 2003/361/EG, Brüssel

Institut für Mittelstandsforschung (2021) Mittelstandsdefinition des IfM Bonn. Institut für Mittelstandsforschung IfM Bonn. https://www.ifm-bonn.org/definitionen/mittelstandsdefinition-des-ifm-bonn. Zugegriffen: 04. Apr. 2021

Unternehmensnachfolge: Wirklich ein Thema?

Ist Unternehmensnachfolge ein Thema? Sie werden die Frage bejahen, denn schließlich halten Sie dieses Buch in den Händen. Auch ich werde sie bejahen, denn ich bin für dieses Buch verantwortlich. Um jedoch zu verdeutlichen, dass Nachfolge tatsächlich ein für uns alle wichtiges Thema ist, lohnt sich ein Blick auf Zahlen, Daten und Fakten. Diese lügen bekanntlich nicht.

Speziell an der Unternehmensnachfolge ist, dass wir stets zwei Seiten in den Blick nehmen müssen. Zum einen gibt es die Seite des potenziellen Übergebers eines Unternehmens, der sein Unternehmen zur Nachfolge anbietet. Ich spreche hierbei auch von der Angebotsseite. Und zum anderen gibt es die Seite des potenziellen Übernehmers oder Nachfolgers. Ich spreche auch von der Nachfrageseite, da ein Unternehmen „nachgefragt" wird. Beide Seiten – Übergeber und Übernehmer, Anbieter und Nachfrager – machen die Unternehmensnachfolge zu einem besonderen und komplexen Thema.

Lassen Sie mich die Frage, ob Unternehmensnachfolge ein Thema ist, detailliert beantworten, indem wir zunächst einen Blick auf die Angebotsseite werfen (Abschn. 2.1). Anschließend wenden wir uns der Nachfrageseite zu (Abschn. 2.2). In Abschn. 2.3 füge ich beides zusammen und verdeutliche die Relevanz.

2.1 Blick auf die Seite der Unternehmensübergeber

Wenn wir sagen, die Unternehmensnachfolge sei ein Thema, ist es wichtig, zunächst zu definieren, wie groß die Betroffenheit ist: Wie viele Betriebe sind vom Generationenwechsel betroffen?

Bevor wir die Betriebe betrachten, in der die Nachfolge ein Thema ist, lassen Sie uns sehen, wie viele Mittelständler es gibt. Wenn wir die Anzahl der in Deutschland tätigen Betriebe betrachten, weist das Statistische Bundesamt rund

S. Genders, *Generationenwechsel im Mittelstund*, essentials, https://doi.org/10.1007/978-3-662-64218-4_2

3,29 Mio. steuerpflichtige Unternehmen aus (Statistisches Bundesamt 2021a)[1]. Laut Unternehmensregister sind es sogar 3,6 Mio. Betriebe, die wiederum zuletzt knapp 35,2 Mio. Beschäftigte hatten und einen Umsatz von 7153 Mrd. Euro erwirtschafteten (Statistisches Bundesamt 2021b). Beschränkt man sich auf Familienunternehmen, so sind es „nur" 2,95 Mio. Betriebe mit 17 Mio. Beschäftigten. Legen wir den Fokus wiederum auf Familienunternehmen, in denen ein Familienmitglied in der Geschäftsleitung – eigentümergeführte Familienunternehmen – tätig ist, sind es lediglich 2,8 Mio. Betriebe mit rund 15,7 Mio. Beschäftigten (Stiftung Familienunternehmen 2019, S. 6).

Wie viele von diesen Betrieben sind von der Thematik Unternehmensnachfolge betroffen? Eine Antwort vorneweg: es gibt keine amtliche Statistik, die vollumfänglich und in ausschließlicher Art und Weise Informationen zur Nachfolgesituation bietet. Wir müssen uns mit Blick auf die quantitative Bedeutung auf verschiedene Studien beziehen. Die aus meiner Sicht adäquateste Statistik liefert das Institut für Mittelstandsforschung (IfM) Bonn. Mit Hilfe einer Methodik, die ausgehend vom Unternehmensbestand einen Blick auf Familienunternehmen wirft und hierbei ausschließlich diejenigen Betriebe betrachtet, die als übergabewürdig[2] bezeichnet werden (deren Übernahme sich für einen Nachfolger finanziell rechnet) (Institut für Mittelstandsforschung 2018).

Die Erhebung des Instituts für Mittelstandsforschung kommt für den Zeitraum der Jahre 2018 bis 2022 auf eine Summe von 700.000 Unternehmen, ausgehend von einem Gesamtbestand von rund 3,6 Mio. Unternehmen, bei denen eine Übernahme möglich erscheint. Rund 20 % der Unternehmen sind übernahmewürdig. Bezieht man die Altersstruktur der Unternehmensinhaber mit ein, ergibt sich eine Anzahl von 150.000 Unternehmen, die übergabereif sind, pro Jahr 30.000 Betriebe. Dies entspricht bezogen auf den Unternehmensbestand einem Anteil von immerhin 4,2 % in den betrachteten Jahren. Hierbei sind nicht diejenigen Unternehmen betrachtet, die aus finanziellen Gründen möglicherweise nicht als übergabereif bezeichnet werden können, bei denen aber auch die Nachfolgefrage ansteht beziehungsweise bei denen der Inhaber sein (möglicherweise zurzeit betriebswirtschaftlich defizitäres) Lebenswerk an die nächste Generation weiterreichen möchte. Auch sind nicht die Unternehmen betrachtet, deren Nachfolge

---

[1] Es handelt sich hierbei um steuerpflichtige Unternehmen mit jährlichen Lieferungen und Leistungen über 17.500 Euro laut Umsatzsteuerstatistik.

[2] Als übergabewürdig werden Betriebe bezeichnet, deren zu erwartender Gewinn höher ist als die denkbaren Einkünfte eines Übernehmers aus abhängiger Beschäftigung zzgl. möglicher Erträge durch eine Alternativverwendung des Kaufpreises für das Unternehmen (Institut für Mittelstandsforschung 2018, S. 3).

in den Jahren nach 2022 ansteht. Und eben diese zukünftigen Jahre dürften meiner Einschätzung nach von einer noch größeren Anzahl an Betriebsübergaben geprägt sein. Die Erhebung weist weiter in Summe 2,4 Mio. Arbeitnehmer aus, die in Betrieben tätig sind, die von Übernahmen betroffen sind. Dies entspricht pro Jahr in etwa 480.000 Arbeitnehmern, deren berufliche Tätigkeit von einer Betriebsübergabe abhängt.

Eine andere Datenquelle ist die Förderbank KfW, deren Research-Abteilung mit dem KfW-Mittelstandspanel über eine Vielzahl mittelstandsrelevanter Datensätze verfügt – auch zur Unternehmensnachfolge. Laut einer Studie aus dem Jahr 2019, die bis zu 15.000 Unternehmensdaten erfasst, strebten in den Jahren 2020 und 2021 pro Jahr etwa 76.000 Inhaber von Unternehmen einen Generationenwechsel an. Dies entspricht vier % der KMU hierzulande bis Ende des Jahres 2021 (KfW 2019, S. 2).

Als dritte Alternative greife ich auf die Gewerbeanzeigenstatistik des Statistischen Bundesamtes zurück. Sie erfasst nebst Gewerbeanmeldungen und Gewerbeabmeldungen pro Jahr auch Übernahmen sowie Übergaben. Hierbei beschreiben die erfassten Übergaben zum Beispiel Verkäufe, aber auch Erbfolgen oder Gesellschafteraustritte. Für das Jahr 2019 werden 45.391 Übergaben ausgewiesen. Dies entspricht bezogen auf alle Gewerbeabmeldungen einem prozentualen Anteil von 7,4 % (Statistisches Bundesamt 2021c).

Lassen Sie mich zusammenfassen: Das Institut für Mittelstandsforschung geht von 30.000 Unternehmensnachfolgen pro Jahr aus. Die KfW benennt rund 76.000 Nachfolgen. Das Statistisches Bundesamt ermittelt rund 45.000 Übergaben im Jahr. Jetzt werden Sie sagen: das sind ja deutliche Unterschiede. Richtig! Aber egal ob 30.000 Übergaben pro Jahr, 45.000 Inhaberwechsel oder 76.000 Übergaben – selbst der kleinste Wert ist meiner Einschätzung groß genug, um die Eingangsfrage des Kapitels mit ja zu beantworten: Unternehmensnachfolge ist ein Thema! Bezieht man betroffene Arbeitnehmer, aber auch Zulieferer, Geschäftspartner oder andere Interessensgruppen mit ein, wird der Stellenwert umso bedeutsamer. Das Schadenspotenzial im Falle scheiternder Generationenübergaben ist enorm.

Die Relevanz wird sich zukünftig weiter verschärfen, spätestens wenn die Babyboomer-Generationen in den kommenden Jahren in den Ruhestand geht. Interessant ist ein Indikator des Deutschen Industrie- und Handelskammertags (DIHK) e. V.: die Beratungen zur Unternehmensnachfolge. Die IHK-Organisation

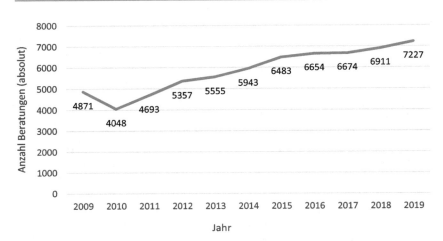

Abb. 2.1 Nachfolgeberatungen 2009–2019. Quelle: Eigene Darstellung, DIHK (2021b, 2019)

erfasst die in den Industrie- und Handelskammern stattfindenden Beratungsgespräche für die in Summe rund 5,5 Mio. Mitgliedsbetriebe[3] (DIHK 2021a). Hierzu zählen auch Gespräche mit Senior-Unternehmen und potenziellen Nachfolgern. Wenn man diese im Zeitverlauf betrachtet, zeigt sich ein deutlicher Anstieg (Abb. 2.1). Auch wenn die Zahlen keinesfalls alle Beratungsbedarfe sowie deren tatsächliche Bedeutung im Bundesgebiet abdecken – denken Sie an potenzielle Übergeber, die sich nicht von einer IHK, sondern von einer Handwerkskammer, dem Steuerberater, Anwalt oder ihrer Hausbank Unterstützung einholen – dürfte die Entwicklung dort gleich sein. Waren es im Jahr 2009 noch rund 4.800 Beratungen, die durch die Kammern erfasst wurden, stieg die Anzahl alljährlich auf zuletzt 7.227 Beratungen im Jahr 2019. Das entspricht einem Anstieg um 2.427 Beratungen (pro Arbeitstag fast 10 Beratungen) oder um 50,6 %!

Lassen Sie mich nochmals auf die Untersuchung des Instituts für Mittelstandsforschung zurückkommen, die für die Jahre 2018 bis 2022 von 150.000 Unternehmensübernahmen ausgeht, bei in Summe 2,4 Mio. betroffenen Beschäftigten. In den Jahren 2014 bis 2018 waren in Summe 135.000 Betriebe übernahmereif und knapp 2 Mio. Arbeitnehmer betroffen (Institut für Mittelstandsforschung 2013, S. 8, S. 14). In den Jahren 2010 bis 2014 betrug die Anzahl betroffener

---

[3] Die Anzahl ergibt sich aus der Summe der je IHK angegebenen Mitgliedsunternehmen für das Jahr 2019.

Betriebe 110.000 und die Anzahl der Arbeitsnehmer lag bei 1,4 Mio. (Institut für Mittelstandsforschung 2010, S. 21, S. 25).

Der Trend ist eindeutig! Von der Angebotsseite ausgehend existiert ein Problem, das sich in den nächsten Jahren quantitativ erhöhen dürfte. Wenden wir uns der Nachfrageseite zu.

2.2 Blick auf die Seite der Unternehmensübernehmer

Gründung und Selbstständigkeit als Alternative zur abhängigen Beschäftigung als Arbeitnehmer sind heute weniger ein Thema in Sachen Karriereplanung als früher. Dies zeigen alle Statistiken und Daten. Werfen wir einen Blick auf eben diese Daten, um die Situation der Unternehmensübernehmer in den Fokus zu nehmen. Schauen wir doch auf die Gründungsstatistiken, denn jeder Nachfolger ist stets auch Existenzgründer – egal ob er aus der Familie, aus dem Unternehmen oder von außen kommt. Lediglich die „Art" der Existenzgründung ist eine andere, nämlich kein kompletter Neustart, sondern im besten Falle der Aufbau auf etwas Bewährtem.

Eine Gründungsstatistik ist die Gewerbestatistik des Statistischen Bundesamtes (Statistisches Bundesamt 2021e): Für das Jahr 2020 werden in Summe 660.863 Gewerbeanmeldungen ausgewiesen im Bundesgebiet. In dieser Zahl sind neben Neugründungen auch Zuzüge oder Rechtsformwechsel erfasst. Betrachtet man lediglich den Bereich der Neugründungen, so weist das Statistische Bundesamt für das Jahr 2020 eine Anzahl von 542.155 aus. Zieht man von den Neugründungen wiederum die Gewerbeanmeldungen ab, die im Nebenerwerb gründen, sind für das Jahr 2020 252.071 „echte" Gründungen zu verzeichnen[4]. Dem stehen für das Jahr 2020 541.738 Gewerbeabmeldungen entgegen, hierunter 425.360 vollständige Aufgaben, 177.459 hiervon im Nebenerwerb. Da das Jahr 2020 in Folge der Corona-Pandemie mit Blick auf die Gewerbestatistiken nicht in allen Fällen repräsentativ ist (zum Beispiel aufgrund von Änderungen bei der Insolvenzantragspflicht), sei noch die Anzahl der Gewerbeanmeldungen für das Jahr 2019 (672.609), die der Neugründungen (550.565) sowie die der Neugründungen ohne Nebenerwerb (286.566), ferner die Anzahl der Gewerbeabmeldungen (614.248), der Aufgaben (492.963) und der Aufgaben ohne Nebenerwerbsaufgaben (302.627) genannt (Statistisches Bundesamt 2021d).

---

[4] Wichtig ist, dass es sich – nimmt man zum Beispiel die Anzahl der ausgewiesenen Neugründungen – nicht eins zu eins um potenzielle Übernehmer(-kandidaten) handelt. Die Nachfolge ist im Status Quo nur für einen geringeren Anteil derjenigen, die eine selbstständige Tätigkeit aufgreifen, eine Option.

Eine alternative Statistik liefert das Institut für Mittelstandsforschung. Für das Jahr 2019 weist es 366.000 Existenzgründungen aus. Die Anzahl erfasst hierbei alle steuerrechtlich selbstständigen Tätigkeiten von Personen, nebst den gewerblichen Tätigkeiten zum Beispiel auch Freie Berufe und andere Bereiche im Vollerwerb (Institut für Mittelstandsforschung 2021). Auch hier erkennen Sie wiederum Abweichungen zu den Daten des Statistischen Bundesamtes in Folge anderer Erfassungsmethoden. Der Unterschied liegt insbesondere darin, dass bei den 366.000 Existenzgründungen die Anzahl an Nebenerwerbs- oder Kleinge-werbegründungen nicht erfasst sind. Die Anzahl der ausschließlich gewerblichen Neugründungen beziffert das Institut für Mittelstandsforschung mit 266.000 im Jahr 2019, mit 235.000 im Jahr 2020 (Institut für Mittelstandsforschung 2021).

Die KfW weist in ihren Erhebungen für das Jahr 2019 eine Anzahl von 605.000 Existenzgründungen aus (KfW 2020a, S. 1). Hierbei werden in der Erfassungsmethodik unter anderem Vollerwerbs- sowie Nebenerwerbsgründungen betrachtet. Von den ausgewiesenen Existenzgründungen sind 62,3 % Nebener-werbsgründungen (377.000) und 37,7 % Vollerwerbsgründungen (228.000). Die Gründerquote, das heißt der Anteil der Gründungen bezogen auf die Anzahl der Erwerbsbevölkerung im Alter zwischen 18 und 64 Jahren, lag im Jahr 2019 bei einem Wert von 1,17 (KfW 2020a, S. 1).

Wir sind kein Land der Selbstständigen und Existenzgründer. Laut Global Entrepreneurship Monitor liegen wir mit Rang 41 von 50 international auf den hinteren Rängen (Global Entrepreneurship Monitor 2020, S. 37), wobei die Ursa-chen unterschiedlicher Natur sind – von Bildungssystem, Lebensstandard und Einkommensniveau und Sozialversicherungssystemen, über Infrastrukturen und so weiter und so fort. Selbstständigkeit spielt für relativ wenige Menschen mit Blick auf berufliche Tätigkeit und Einkommenserwirtschaftung eine dominierende Rolle.

Und auch der Blick auf den Zeitverlauf ist eindeutig: Heute wagen weniger Menschen den Schritt in die Selbstständigkeit als früher. Die Gründerquote lag zuletzt bei 1,17, bezogen auf die Anzahl der Erwerbsbevölkerung haben 1,17 Per-sonen je 100 Personen den Karriereschritt Selbstständigkeit gewählt (KfW 2020a, S. 1). Und seit Jahren ist diese Quote rückläufig. Der Anteil der Vollerwerbs-gründungen lag zuletzt bei lediglich 0,44 und ist damit seit dem Jahr 2006 unter dem Wert von 1. Lassen Sie sich dies auf der Zunge zergehen: von 100 Personen gründet statistisch nicht einmal eine Person pro Jahr im Vollerwerb!

Abb. 2.2 zeigt die Entwicklung der Neugründungen und die Aufgaben in den letzten zehn Jahren. Ferner finden Sie – als Indiz für die Dynamik – den Saldo aus den betrachteten Teilbereichen der Gewerbeanmeldungen (Neugründun-gen) sowie Gewerbeabmeldungen (Aufgaben). Lassen Sie das Jahr 2020 außen

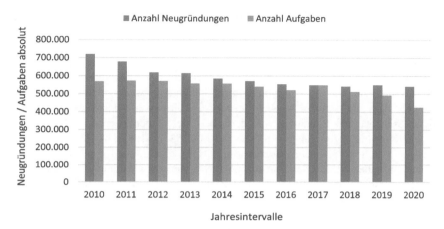

Abb. 2.2 Entwicklung Neugründungen und Aufgaben 2010–2020. Quelle: Eigene Darstellung, Statistisches Bundesamt (2021d)

vor (siehe oben erwähnte statistische Sondereffekte), ist der Effekt klar: Das Gründungswachstum, ausgedrückt durch den Saldo von Neugründungen und Aufgaben, verliert deutlich an Dynamik. Zwar gründen immer (Ausnahme ist das Jahr 2017) mehr Menschen ein Unternehmen, als Menschen ein Unternehmen aufgeben. Aber auch wenn wir immer noch einen Zuwachs an gewerblichen Tätigkeiten sehen, so verringert sich dieser Zuwachs doch eher, als das er steigt.

Daten des DIHK bestätigen die nachlassende Dynamik beim Gründungsinteresse. Wurden letztmals rund 180.000 Gründungsgespräche in Form von IHK-Einstiegs- und Existenzgründungsberatungen ausgewiesen, lag diese Anzahl vor zehn Jahren noch fast doppelt so hoch bei über 350.000 Gesprächen pro Jahr (DIHK 2020, S. 4).

Folgender Exkurs sei mir erlaubt: Zwar gründen heute weniger Menschen als früher im Vollerwerb. Andere Formen der Existenzgründung machen aber durchaus von sich reden. Zu nennen sind hier zum einen Start-ups, die einen regelrechten Hype erleben. Konkret sind „Startups … jünger als zehn Jahre, haben ein geplantes Mitarbeiter-/Umsatzwachstum und/oder sind (hoch) innovativ in ihren Produkten/Dienstleistungen, Geschäftsmodellen und/oder Technologien" (Bundesverband Deutsche Startups e. V. 2020, S. 18). Die KfW ergänzt, dass sich ein Start-up optional anstelle der Begleitung einer technologischen Innovation zur Marktreife dadurch auszeichne, mindestens eine deutschlandweite Marktneuheit anzubieten (KfW 2020b, S. 1). Aber trotz des genannten Hypes (denken Sie an

bestimmte TV-Formate) sind Start-ups ihrer Anzahl nach bezogen auf alle Gründungen nicht prägend: Laut Start-up-Report der KfW gab es im Jahr 2019 70.000
Start-ups in Deutschland (KfW 2020b, S. 1). Laut startupdetector report 2020
gab es gar nur 2.857 Start-up-Gründungen für das Jahr 2020 (startupdetector
2020). Die Gruppe der Start-ups ist eine Nische in der Gesamtheit aller Existenzgründungen. Zum anderen zu nennen sind Nebenerwerbsgründungen. Daten
zeigen, dass die Selbstständigkeit „nebenbei" mittlerweile der Standardfall ist.
Laut Statistischem Bundesamt lag der Anteil der Nebenerwerbsgründungen an
allen Neugründungen zuletzt im Jahr 2020 bei 53,5 %, im Jahr 2010 waren es
lediglich 36,8 % (Statisches Bundesamt 2021e). Mit Blick auf potenzielle Nachfolgen gilt aber, dass weder Start-ups noch Nebenerwerbsgründungen ins Gewicht
fallen, wenn es um die Nachfrageseite geht – nicht zuletzt, weil sie Nachfolgen
per Definition ausschließen.

Lassen Sie mich zusammenfassen: In Deutschland gründen sehr wenige Men-
schen ein Unternehmen. Dieses ohnehin geringe Interesse hat sich in den letzten
Jahren weiter verringert. Warum gründen heute weniger Menschen als früher?
Die Antwort würde ein Buch für sich bedeuten, aber um es kurz zu machen:
Wirtschaftliche Stärke, ein guter Arbeitsmarkt, die demografische Entwicklung
und Defizite im Bildungssystem sind die Hauptgründe für unsere Gründungs-
flaute in den letzten Jahren. Zwar hören wir viel von Start-ups, aber deren
Relevanz ist gemessen an der Absolutanzahl aller Gründungen vergleichsweise
gering. Und wenn schon gegründet wird, dann immer mehr im Nebenerwerb.
Soweit, so schlecht – zumindest mit Blick auf unser Thema an dieser Stelle:
die Nachfrageseite beim Generationenwechsel. Je weniger Menschen den Schritt
in die „klassische" berufliche Vollerwerbsselbstständigkeit wagen, umso weniger
mögliche Nachfolger stehen zur Verfügung.

2.3   Zwei Seiten einer Medaille und deren Folgen

Das Angebot steigt, die Nachfrage sinkt. Wir haben ein Problem! Was in dieser
Kürze den Nagel auf den Kopf trifft, ist leider die Wahrheit beim Thema Unternehmensnachfolge. Einer vergleichsweise hohen Anzahl an Betriebsübergebern
mit steigender Tendenz steht eine niedrigere Anzahl an potenziellen Übernehmern mit meiner Einschätzung nach allenfalls gleichbleibender Tendenz (in den
letzten Jahren sinkender Anzahl) gegenüber. Wir sehen einen Angebotsüberhang
beziehungsweise ein Nachfragedefizit.

Ich möchte erneut auf Statistiken des DIHK zurückgreifen (DIHK 2021b, 2019). In den Nachfolgereports wird ausgewiesen, welche Anzahl an Beratungen die Kammern verzeichnen, differenziert nach Senior-Unternehmen, die zeitlich nahe vor dem Generationenwechsel stehen, sowie nach Übernahmeinteressierten, ergo nach Gründungsinteressierten, für die die Betriebsübernahme eine Alternative ist. Insgesamt wurden in den Jahren 2019 bis 2009 73.716 Senior-Unternehmer beraten sowie 71.192 Übernahmeinteressierte. Dramatisch ist hierbei die Dynamik im Zeitverlauf. Im Jahr 2009 lag das Verhältnis von Übergeber und potenziellem Übernehmer bei einem Wert von 1,7. Pro Übergeber gab es statistisch 1,7 Interessierte (siehe Abb. 2.3). Seit dem Jahr 2013 ist der Wert jedoch kleiner als eins. Zuletzt betrug das Verhältnis 1 zu 0,6 im Jahr 2019 mit insgesamt 7.227 Übergebern und 4.302 Übernehmern. Dies bedeutet, dass von zehn Übergabefällen nur in sechs Fällen ein Nachfolger zur Verfügung steht. Die Dynamik ist alarmierend. Es wird klar, wie sich die Schere zwischen Angebot und Nachfrage öffnete.

Was bedeutet es, wenn es immer weniger Nachfolger gibt und wir diesen Angebotsüberhang beziehungsweise diese Nachfragelücke nicht schließen? Ganz einfach: unser Erfolgskonzept Mittelstand scheitert. Es droht die bereits erwähnte Erosion, das Verschwinden der vielen familiengeführten Betriebe mit allen Konsequenzen für den Standort – von den Themen Beschäftigung und Ausbildung, über

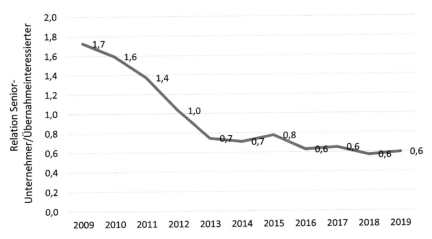

Abb. 2.3 Verhältnis Senior-Unternehmer und Übernahmeinteressierte 2009–2019. Quelle: Eigene Darstellung, DIHK 2021b, 2019

Innovationstreiber und Ideengeber, über regionale Anker, bis hin zur Resilienz der Wirtschaftsregion in Folge der relativen Heterogenität. Keine guten Nachrichten!

2.4   Ausblick

Welche Lösungsansätze gibt es also nun mit Blick auf unser Problem? Bevor ich in Kap. 3 auf die Möglichkeiten der Hauptakteure im Zusammenhang mit der Unternehmensnachfolge eingehe – nämlich Sie (insofern Sie Unternehmer sind), lassen sich mich kurz Folgendes anmerken.

Es braucht gemeinsame Anstrengungen zur Lösung der Herausforderungen. Auch wenn Luft nach oben ist, in den letzten Jahren hat sich durchaus einiges getan. Auf der Existenzgründungsplattform des Bundeswirtschaftsministeriums (www.existenzgruender.de) findet sich zum Stichwort Unternehmensnachfolge ein vielgliedriges Angebot an Informationen, Planungsinstrumenten oder Lehrinhalten (BMWi 2021a). Mit der Nachfolgebörse „Nexxt Change" (www.nexxt-cha nge.org) fördert man zudem die Vernetzung von Angebot und Nachfrage und bringt Übergabewillige und potenzielle Übernehmer zusammen (BMWi 2021b). Und auch die Bundesländer greifen die Themen auf, in Bayern zum Beispiel mit der Initiative „Offensive Unternehmensnachfolge Bayern" (www.unternehm ensnachfolge-in-bayern.de) (Bayerisches Staatsministerium für Wirtschaft, Landesentwicklung und Energie 2021). Und auch Institutionen wie die Kammern, Organisationen wie der Handelsverband, der Verband der Familienunternehmen oder Einrichtungen wie das Institut für Entrepreneurship, Mittelstand und Familienunternehmen (EMF-Institut) der HWR Berlin mit seiner Plattform www.nac hfolge-in-deutschland.de (EMF-Institut 2021) sind und werden aktiv. Es braucht eine Mischung aus Aktivierung und Engagement, Sensibilisierung und Information, Qualifizierung und Wissen sowie Netzwerke, um in der Summe vieler guter Initiativen gemeinsam daran zu arbeiten, den Generationenwechsel im Mittelstand zu schaffen.

Fazit

Die Unternehmensnachfolge ist ein wichtiges Thema. Dank demografischen Wandels kommen stetig mehr Unternehmer in ein Alter, in dem die Frage der Staffelstabübergabe im Betrieb ansteht. Diese Entwicklung sieht sich einer in der Umfänglichkeit – positiv formuliert – nicht dynamischen

Gründungsdynamik gegenüber. In der Folge driften Angebot und Nachfrage rund um den Generationenwechsel auseinander[5]. Ohne adäquate und schnelle Lösungen gefährden wir die Zukunft des oftmals inhabergeführten, in Familienhand befindlichen Mittelstands.

Literatur

Bayerisches Staatsministerium für Wirtschaft, Landesentwicklung und Energie (2021) Offensive Unternehmensnachfolge. https://www.unternehmensnachfolge-in-bayern.de/. Zugegriffen: 23. Apr. 2021

Bundesverband Deutsche Startups e. V. (2020) Deutscher Startup Monitor 2020. Innovation statt Krise. T Kollmann, P Jung, L Kleine-Stegemann, J Ataee, K de Cruppe. PwC Deutschland/Bundesverband Deutsche Startups e. V., Frankfurt a. M./Berlin

BMWi (2021a) Unternehmen führen. Unternehmensnachfolge. https://www.existenzgruender.de/DE/Unternehmen-fuehren/Unternehmensnachfolge/inhalt.html. Zugegriffen: 23. Apr. 2021

BMWi (2021b) Nexxt Change Unternehmensbörse. https://www.nexxt-change.org/DE/Startseite/inhalt.html. Zugegriffen: 23. Apr. 2021

DIHK (2019) DIHK-Report zur Unternehmensnachfolge 2019. Deutscher Industrie- und Handelskammertag (DIHK) e. V., Berlin

DIHK (2020) DIHK-Gründerreport 2020. Corona trifft Gründungsgeschehen ins Mark. Deutscher Industrie- und Handelskammertag (DIHK) e. V., Berlin

DIHK (2021a) Registrierte Mitgliedsunternehmen. IHK-Transparent. https://www.ihk.de/die-ihk/ihk-transparent/zahlen-und-fakten/registrierte-mitgliedsunternehmen. Zugegriffen: 06. Apr. 2021

DIHK (2021b) Unternehmensnachfolge: Herausforderungen werden mit Corona noch größer. Deutscher Industrie- und Handelskammertag (DIHK) e. V., Berlin. https://www.dihk.de/de/aktuelles-und-presse/aktuelle-informationen/pandemie-bremst-generationswechsel-in-den-betrieben-34676. Zugegriffen: 06. Apr. 2021

EMF-Institut (2021) Nachfolge beginnt jetzt! Institut für Entrepreneurship, Mittelstand und Familienunternehmen (EMF-Institut) der HWR Berlin. https://nachfolge-in-deutschland.de/. Zugegriffen: 3. Apr. 2021

Global Entrepreneurship Monitor (2020) 2019/2020 Global Report. N Bosma, S Hill, A Ionescu-Somers, D Kelley, J Levie, A Tarnawa. Global Entrepreneurship Research Association, London Business School, Regents Park/London

---

[5] Ich behaupte sogar, die gesellschaftlichen Megatrends Digitalisierung und Nachhaltigkeit führen ebenso wie die Corona-Pandemie dazu, dass sich die Situation weiter verschärft. Details meiner Meinung erläutere ich Ihnen gerne persönlich an anderer Stelle (meine Kontaktdaten finden Sie auf diversen Social Media Kanälen).

Institut für Mittelstandsforschung (2010) Unternehmensnachfolgen in Deutschland 2010 bis 2014. IfM-Materialien Nr. 198. H-E Hauser, R Kay und S Boerger. Institut für Mittelstandsforschung (IfM), Bonn

Institut für Mittelstandsforschung (2013) Unternehmensnachfolgen in Deutschland 2014 bis 2018. Daten und Fakten Nr. 11. R Kay und O Suprinovic. Institut für Mittelstandsforschung (IfM), Bonn

Institut für Mittelstandsforschung (2018) Unternehmensnachfolgen in Deutschland 2018 bis 2022. Daten und Fakten Nr. 18. R Kay, O Suprinovic, N Schlömer-Laufen und A Rauch. Institut für Mittelstandsforschung (IfM), Bonn

Institut für Mittelstandsforschung (2021) Gründungen und Unternehmensschließungen. https://www.ifm-bonn.org/statistiken/gruendungen-und-unternehmensschliessungen/exi stenzgruendungen-insgesamt. Zugegriffen: 12. Apr. 2021

KfW (2019) Nachfolge-Monitoring Mittelstand: Entlastung bei Nachfolgen auch dank mehr Übernahmen – Externe Investoren gesucht. KfW Research Fokus Volkswirtschaft, Nr. 274. M Schwarz. KfW, Frankfurt a. M.

KfW (2020a) KfW-Gründungsmonitor 2020. Gründungstätigkeit in Deutschland 2019: erster Anstieg seit 5 Jahren – 2020 im Schatten der Corona-Pandemie. KfW Research. G. Metzger. KfW, Frankfurt a. M.

KfW (2020b) KfW-Startup-up-Report 2020. Start-ups in Deutschland stabil bei 70.000 im Jahr 2019 – Auswirkung der Corona-Krise unsicher. G. Metzger. KfW, Frankfurt a. M.

startupdecetor (2020) startupdetector report 2020. https://www.startupdetector.de/startupde tector-report-2020/. Zugegriffen: 12. Apr. 2021

Statistisches Bundesamt (2021a) Umsatzsteuerstatistik (Voranmeldungen), Februar 2021. Statistisches Bundesamt, Wiesbaden

Statistisches Bundesamt (2021b) Unternehmensregister – Rechtliche Einheiten, Beschäftigte und Umsatz nach Wirtschaftsabschnitten. https://www.destatis.de/DE/Themen/ Branchen-Unternehmen/Unternehmen/Unternehmensregister/Tabellen/unternehmen-bes chaeftigte-umsatz-wz08.html;jsessionid=C52148569DD7CB9508242455F2DD0845.liv e722. Zugegriffen: 05. Apr. 2021

Statistisches Bundesamt (2021c) Gewerbeanmeldungen, -abmeldungen – Jahressumme – regionale Ebenen. Stand: 07.04.2021. Statistisches Bundesamt, Wiesbaden

Statistisches Bundesamt (2021d) Unternehmen und Arbeitsstätten/Gewerbeanzeigen in den Ländern. Statistische Bibliothek. https://www.statistischebibliothek.de/mir/receive/DES erie_mods_00000645. Zugegriffen: 16. Apr. 2021

Statistisches Bundesamt (2021e) Gewerbemeldungen und Insolvenzen, https://www.des tatis.de/DE/Themen/Branchen-Unternehmen/Unternehmen/Gewerbemeldungen-Insolv enzen/Tabellen/list-gewerbemeldungen.html. Zugegriffen: 09. Juli 2021

Stiftung Familienunternehmen (2019) Die volkswirtschaftliche Bedeutung der Familienunternehmen –, 5. Aufl. Stiftung Familienunternehmen, München

Was können Sie tun, damit Ihr Generationenwechsel scheitert?

Dies ist ein Buch für Unternehmer, insbesondere für diejenigen, die vor der Frage des Generationenwechsels stehen. Sie sind bereits einen großen Schritt gegangen. Sie befassen sich mit Ihrem Ende – bezogen auf Ihren Wirkungskreis innerhalb Ihres jetzigen Unternehmens, das Sie womöglich viele Jahre mit Herzblut, Entbehrungen und Zeit begleitet haben. Großartig, dass Sie diesen Schritt gehen! Denn es ist Ihre Pflicht und Verantwortung, sich mit dem Thema zu beschäftigen! Sie sind es Ihrer Familie, Mitarbeitern, Kunden, Lieferanten und vielen weiteren Partnern schuldig – und sich selbst!

Wenn der Gedanke zur Übergabe existiert und reift, stellen sich viele Fragen. Sie sind unsicher. Sie wissen nicht, wie und wo Sie starten sollen. Ich rate Ihnen: gehen Sie vom Schlechten aus, nämlich dem Scheitern der Übergabe aus vielerlei Gründen – Sie finden keinen Nachfolger, Ihre Kaufpreisvorstellung wird nicht erfüllt, Ihre Mitarbeiter akzeptieren den Nachfolger nicht und verlassen Ihren Betrieb, Sie verlieren Kunden, Marktanteile usw. – und überlegen Sie, was Sie alles tun könnten, um eben dieses Ziel des Scheiterns zu erreichen! Was sind die besten Fehler? Wo sind die Fettnäpfchen? Wenn Sie diese kennen, dann funktioniert ihre Betriebsübergabe sicherlich (nicht)!

Ich möchte Ihnen nun die wesentlichen Schritte vorstellen, damit Ihre Nachfolge sicher scheitert[1] (Tab. 3.1.).

3.1 Dem Schicksal vertrauen!

Sie sind im besten Falle ein gestandener, erfahrener Unternehmer. Sie sind sehr erfolgreich mit Ihrem Betrieb – dies seit vielen Jahren. Sie sind anerkannt

---

[1] Bitte beachten Sie, dass die Schritte des Scheiterns alle inhaltlich zusammenhängen.

© Der/die Autor(en), exklusiv lizenziert durch Springer-Verlag GmbH, DE, ein Teil von Springer Nature 2021
S. Genders, *Generationenwechsel im Mittelstund*, essentials,
https://doi.org/10.1007/978-3-662-64218-4_3

Tab. 3.1 Neun Tipps zum Scheitern des Generationenwechsels	1.	Dem Schicksal vertrauen!
	2.	Im stillen Kämmerchen agieren!
	3.	Alles auf morgen vertagen!
	4.	Der Apfel fällt nie weit vom Stamm!
	5.	Das kann ich doch selbst am besten!
	6.	Der Staat bin ich!
	7.	Das haben Sie sich verdient!
	8.	No risk, no fun!
	9.	Sachlichkeit ist Trumpf!

und akzeptiert von Ihren Mitarbeitern. Kunden schätzen Sie für herausragende Zusammenarbeit und für Ihre ehrbaren Geschäftssitten. Von Wettbewerbern werden Sie respektiert und andere blicken zu Ihnen auf aufgrund Ihres taktischen Geschicks und Ihres strategischen Weitblicks. Und Ihr Unternehmen wächst stetig, ist immer mit den besten Produkten auf dem Markt. Alles in allem: Sie sind ein Erfolgsunternehmer!

Nebst ein wenig Glück, Ihrem Tatendrang und einem tollen Team liegt dies natürlich an Ihren Fähigkeiten als Unternehmer, an Ihrem Gespür für Chancen sowie in Ihrer umfangreichen Kompetenz. Ihnen macht schlicht niemand etwas vor. Perfekt ist, dass Ihnen unternehmerische Fähigkeiten in die Wiege gelegt wurden. Sie arbeiten seit jeher stark aus dem Bauch heraus, sind intuitiv, vertrauen auf Ihr Gespür für Märkte, Geschäftschancen und Menschen. Und das ist seit jeher optimal, sie liegen nie falsch mit Ihren Entscheidungen. Der Erfolg gibt Ihnen stets Recht. Das Schicksal war stets auf Ihrer Seite. Kommt Ihnen das bekannt vor?

Und nun? Jemand rät Ihnen „Machen Sie einen Plan für den Generationenwechsel in Ihrem Betrieb!". Nun denken Sie natürlich zu Recht, warum soll ich mich denn heute schon mit dem Thema Unternehmensnachfolge befassen, wenn doch noch eine ganze Weile hin ist bis zu meinem Abgang. Und zu allem Überfluss haben Sie bislang doch eben nahezu immer aus dem Bauch heraus gehandelt, und die Erfolgsgeschichte Ihres Unternehmens zeigt ja schließlich, dass dies der richtige Weg war. Dem Ratgeber antworten Sie logischerweise, dass ein Plan nicht nötig sei. Wenn das Thema akut werde, dann werden Sie schon die richtigen Dinge in die Wege leiten.

Mein erster Rat an Sie lautet: Wenn Sie Ihre Betriebsübergabe scheitern lassen möchten, vertrauen Sie auf Ihr Schicksal!

Nichts ist so komplex wie die Unternehmensnachfolge. Die Themen, mit denen Sie sich beschäftigen (müssen) sind unendlich vielschichtig und reichen von rechtlichen Themen, Steuer- und Finanzierungsfragen, betriebswirtschaftlichen Belangen, bis hin zu familiären Themen und psychologischen Facetten. Ein Plan zur Betriebsübergabe reduziert die der Unternehmensnachfolge immanent zugehörige Komplexität. Er schafft eine Struktur und vereinfacht Entscheidungen, die aufgrund der Natur der Sache von enormer Tragweite für Sie, aber auch für Ihre Angehörigen, Mitarbeiter und alle relevanten Interessengruppen des Unternehmens sind.

Die eigene Betriebsübergabe ist eine strategische Frage, die aus meiner Sicht eine diesbezügliche Relevanz verdient. Es geht schließlich um nicht weniger als die „nächste" Spitze des Unternehmens. Wenn das kein wichtiges, strategisches Thema ist, dann weiß ich auch nicht. Und strategisch denken und handeln bedeutet eben nicht, ad-hoc und tagesaktuell zu entscheiden.

Wie schwierig es ist, jemand von der Sinnhaftigkeit eines Plans zu überzeugen, kenne ich persönlich nicht nur aus dem Nachfolgebereich. Dort ist es in der Praxis auch eher so, dass Unternehmer, die keinen Plan machen, eben vieles nicht tun. Ebenso selten suchen sie das Gespräch mit Experten und Beratern. Die Frage Plan oder kein Plan kommt beziehungsweise kam in meiner Beratungspraxis eher im Bereich der Betriebsübernahme beziehungsweise Existenzgründung vor. Ich erinnere mich an eine Situation im Rahmen einer Informationsveranstaltung zurück. Stellen Sie sich rund 30 Gäste in einem Veranstaltungsraum vor. Auf der Bühne steht ein Dozent, der über das Thema Finanzierung und Fördermittel spricht zu einem Publikum, das sich weitgehend aus angehenden Unternehmern zusammensetzt, wenngleich auch einige gestandene Unternehmer anwesend sind. Der Dozent referiert über sein Thema, unter anderem über die Inhalte eines Business Plans, und betont mehrfach mit Nachdruck wie wichtig dieser nicht zuletzt für Gespräche mit der Hausbank sei. Es meldet sich ein Herr aus dem Publikum, stellt einige Fragen und erwähnt nebenbei, dass er heute erfolgreicher Unternehmer sei, dass man ihm auch früher in seiner Existenzgründungsphase zu einem Business Plan geraten habe, er auf diese „Arbeit" keine Lust gehabt hatte, und er habe es ja auch schließlich so geschafft, wie man sehen könne. Sie können sich denken, diese Aussage war logischerweise nicht sehr hilfreich für die Überzeugungsarbeit des Dozenten. Seine gesamten Bemühungen, von der Sinnhaftigkeit und Notwendigkeit eines Plans zu überzeugen, wurden durch den beiläufigen Kommentar des erfolgreichen Unternehmers zunichte gemacht. Nun muss man dazu sagen, dass besagter Erfolgsunternehmer in seiner Gründungsphase auf andere Finanzquellen zurückgreifen konnte, sodass zumindest kein Kreditgeber überzeugt werden musste, und so die Startvoraussetzungen schlicht andere waren als im Falle der meisten Existenzgründer. Nichtsdestotrotz dürfte bei den Zuhörern hängen geblieben sein: es geht auch ohne Business Plan. Und ja: es geht auch ohne. Aber wenn Sie Dritte mit ins Boot holen müssen, wie zum Beispiel eine Bank, brauchen Sie ein Geschäftskonzept, um Idee, Marktanalyse, Standortrecherche, bis hin zur Tragfähigkeit des Unternehmens aufzuzeigen. Darüber hinaus sollten Sie nicht vergessen, dass ein Business Plan gerade auch für Sie selbst wichtig ist, weil er Sie zwingt, sich mit den für ein Geschäft wichtigen Fragestellungen zu befassen, und wenn es lediglich eine Erinnerung ist, alle notwendigen Formalitäten zu erledigen. Sie können den Plan auch als Checkliste oder Controlling-Instrument verstehen, der permanent angepasst werden kann. Zu guter Letzt: Wer einen Plan macht, der beschäftigt sich mit verschiedenen Szenarien, bereitet sich auf Unwägbarkeiten vor und mindert Risiken. Die Zeit für die Erarbeitung eines Business Planes ist alles, nur nicht vergeudet. Genauso verhält es sich, wenn Sie einen Plan für Ihren Generationenwechsel erstellen.

Wenn wir über einen Plan zur Unternehmensnachfolge sprechen, dann muss man sagen, das unterschiedliche Arten von Plänen gibt. Lassen Sie mich zwei von diesen Arten ansprechen.

Betrachten wir den Übergabeprozess von der Idee der Übergabe bis hin zu selbiger (also einen Übergabeprozess im weiteren Sinne), so findet sich irgendwann der Zeitpunkt, in dem Sie die Geschäftsführung an fremde Hände übergeben, an Ihren Nachfolger. Dem ist innerhalb des längeren Prozesses ein Übergabeprozess im engeren Sinne vorhergegangen dahingehend, dass Kompetenzen, Zuständigkeiten oder Know-how konkret von Ihnen an den vorhandenen Nachfolger übergingen. Auch für diesen Prozess im engeren Sinne kann ein Plan gemacht werden. Also selbst wenn Sie auf die Idee kommen oder sich überzeugen lassen einen langfristigen Plan zu machen, so haben Sie – vorausgesetzt Sie wollen den Generationenwechsel scheitern lassen – auch in der kurzfristigen Perspektive noch die Chance, den Übergabeprozess platzen zu lassen. Ist letzteres Ihr Ziel, seien Sie also sicher, auch ein fehlender Plan der kurzfristigen Übergabe hilft Ihnen beim Scheitern. Verzichten Sie doch zum Beispiel einfach darauf, Ihren potenziellen Nachfolger einzuarbeiten.

Gehen wir aber noch einen Schritt zurück innerhalb des Übergabeprozesses, nämlich zu dem Zeitpunkt, zu dem noch lange nicht klar ist, wer der Nachfolger wird. Gehen wir gedanklich vom Übergabeprozess im engeren Sinne zu dem im weiteren Sinne. Die strategische Befassung mit der Thematik ist nicht zuletzt aufgrund der hohen Komplexität sinnvoll. Aber mit was muss man sich eigentlich konkret befassen, wenn man denn einen Plan zur Unternehmensnachfolge erarbeiten möchte?

Einige strategische Fragestellungen ergeben sich zum Beispiel dann, wenn man das Unternehmen innerhalb der eigenen Familie übergeben möchte (BMWi 2019, S. 43 ff.). So gibt es mit einer schrittweisen Übertragung durch Beteiligung der Nachfolger an einer Personen- oder Kapitalgesellschaft, durch eine zu Lebzeiten stattfindende Übergabe mittels der sogenannten vorweggenommenen Erbfolge beziehungsweise Schenkung oder der klassischen Vererbung verschiedene Möglichkeiten, das Unternehmen an den Sohn oder an die Tochter zu übergeben. Sämtliche Varianten bieten unterschiedliche Vor- und Nachteile und gehen mit zahlreichen, weiterführenden Fragestellungen, von Steuerwirkung, Vertragsgestaltungen, Abfindungen usw. einher. Der hier nicht darstellbaren Komplexität der Varianten geschuldet verweise ich Sie als interessierten Leser gerne auf die Publikation „Unternehmensnachfolge – Die optimale Planung" des Bundeswirtschaftsministeriums (BMWi 2019). Insofern der Nachfolger nicht aus der eigenen Familie kommt (siehe auch Abschn. 3.4) stellen sich andere Fragen. In dem Falle gewinnen neben der Frage, ob Sie einen Fremdgeschäftsführer einstellen oder zum Beispiel den Betrieb verpachten möchten, Sachverhalte wie die Verkaufsmodalitäten deutlich mehr Gewicht. Es ist zu überlegen, ob Sie den Betrieb insgesamt veräußern möchten. Verkaufen Sie das Unternehmen als Ganzes, spricht man vom Share Deal, werden einzelne Teile oder Vermögensgegenstände verkauft, bezeichnet man dies als Asset Deal. Übernimmt zum Beispiel ein Mitarbeiter die Rolle des Käufers spricht man vom Management-Buy-out (MBO), übernehmen externe Kräfte das Unternehmen, so bezeichnet man dies als Management-Buy-in (MBI). Da einem Verkauf beziehungsweise der Übergabe in der Regel auch Finanzflüsse (nämlich der Kaufpreis, den Sie erhalten) entgegenstehen, gibt es auch hier wiederum verschiedene Möglichkeiten, vom Verkauf gegen Einmalzahlung, gegen Raten, gegen eine Rente oder gegen Nießbrauchsvorbehalt. Alle diese Fragestellungen gehören im Zuge einer Planung des Generationenwechsels thematisiert.

Es geht um die Übergabeprozessgestaltung und Übertragungswege, um Rechtsfolgen, um den Bereich Finanzen, Unternehmenswertbestimmung oder Steueroptimierung. Ein Übergabeplan definiert auch, was für ein persönliches Ziel Sie mit der Übergabe verfolgen: Wollen Sie sicherstellen, dass Ihr Unternehmen zukünftig erfolgreich weitergeführt wird? Wollen Sie den großen finanziellen Reibach machen? Oder möchten Sie lediglich Ihre Familie dauerhaft absichern durch kontinuierliche Zahlungsflüsse? Geht es Ihnen gar um Ruhm und Ehre? Wenn Sie die konkreten Schritte interessieren, empfehle ich den Blick in die vielfach verfügbare Literatur oder die Recherche in relevanten Online-Angeboten. Auch hier sei zum Beispiel auf die Informationsangebote des Bundeswirtschaftsministeriums (BMWi 2019) oder die Seite www.existenzgruender.de und die dortige Rubrik „Unternehmen führen" sowie „Unternehmensnachfolge" verwiesen (BMWi 2021).

Kern eines Planes für den Übergabeprozess im weiteren Sinne ist es, all diese zuvor genannten Fragestellungen und viele weitere aufzugreifen und nach Antworten und Lösungen zu suchen. Je umfangreicher die permanente und strategische Auseinandersetzung mit den Themen – selbstredend mit ansteigender Relevanz und sinnvollerweise ansteigender Befassungsintensität mit näher rückendem Übergabezeitpunkt –, desto mehr reduzieren Sie die Wahrscheinlichkeit, dass Ihr Generationenwechsel scheitert. Und womöglich machen Sie Ihren Betrieb sogar noch attraktiver für eine Übernahme, wenn Sie ihn fit machen für die Staffelstabübergabe.

Um meinen Tipp zu wiederholen: Wenn Sie Ihren Generationenwechsel scheitern lassen wollen, machen Sie keinen Plan! Ohne Planung ersparen Sie sich auch die Qual der Wahl mit Blick auf die zahlreichen Optionen, die bei der Betriebsübergabe in rechtlicher, steuerlicher oder finanzieller Art existieren. Wenn Sie den Prozess der Unternehmensübergabe als Sprint ansehen und nicht als Dauerlauf, dann sind Sie auf dem guten Weg! Behalten Sie sich die Spontanität und lassen Sie sich überraschen von der Vielfalt der Fragestellungen rund um die Betriebsübergabe, wenn Sie sich kurzfristig entscheiden, die Verantwortung an der Spitze Ihres Unternehmens abgeben zu wollen. Vernachlässigen Sie strategische Fragestellungen im Tagesgeschäft. Um Übrigen – wenn Sie auf Spontanität stehen – wäre es auch sinnvoll, keine Pläne für die Zeit nach ihrer Berufstätigkeit zu machen. Getreu dem Motto: mal schauen, was kommt!

3.2   Im stillen Kämmerchen agieren!

Die Unternehmensnachfolge ist ein sensibles Thema. Dies gilt nicht nur für den Betroffenen selbst. Gerade Dritte sind immens betroffen, wenn Sie als Unternehmenschef die Entscheidung für sich treffen, den Staffelstab in Ihrem Unternehmen weiterzureichen. Nicht nur, dass man sich womöglich selbst nicht gerne mit der Übergabe beschäftigt, weil sie eine Zäsur und letztlich einen Einschnitt darstellt, der ein Befassen mit der eigenen (zumindest auf das Unternehmen in beruflicher Sache bezogen) Endlichkeit bedeutet. Auch dann, wenn Sie für sich selbst den unausweichlichen Zeitpunkt der Auseinandersetzung mit der Betriebsübergabe akzeptiert haben und die Schritte anpacken, bleiben beteiligte Dritte. Dies kann die eigene Familie sein, dies können Mitarbeiter, Lieferanten, Kunden oder andere

Interessierte sein. Diese gilt es nicht nur zum richtigen Zeitpunkt in die Planung miteinzubeziehen, sondern zunächst über anstehende Schritte zu informieren. Mein zweiter Rat an Sie lautet: Wenn Sie Ihre Betriebsübergabe scheitern lassen möchten, halten Sie Ihre Nachfolgeplanungen konsequent und für Ihr gesamtes Umfeld und mögliche Interessierte so lange geheim, wie es Ihnen möglich ist!

Wie erwähnt ist die Nachfolgethematik von enormer Sensibilität geprägt. Dies geht mit einem gewissen Grad an Geheimhaltung einher. Was meinen Sie, warum die Unternehmensnachfolgebörse Nexxt Change (www.nexxt-change.org) erfolgreich wirbt, dass Angebote als auch die Nachfragen nach Übernahmeobjekten anonym mittels Chiffre-Prinzip arbeiten? Genau aus dem Grund, dass viele Übergeber nicht gerne über dieses Thema sprechen (möchten). Unabhängig davon ist es so, dass generell nicht gerne über vermeintliche Schwächen in unserer Gesellschaft gesprochen wird – wenn Sie nun eine Übergabe als eine Art Schwäche im Sinne von „man kann nicht mehr weiter machen" (aus welchen Gründen auch immer) interpretieren, passt dies ins Bild.

Zum Stichwort Schwäche ein Gedanke: Was glauben Sie, wie schwierig es vor einigen Jahren war, als ich für ein Veranstaltungsformat Unternehmerpersönlichkeiten suchte, die vor Publikum über ihr eigenes unternehmerisches Scheitern sprechen sollten. Mittlerweile hat sich diese „Fuck-Up-Mentalität" in der Startup-Szene als Vortragsthema etabliert und es ist anerkannter, dass auch Scheitern zum Gründen gehört und gut sein kann (insofern man bildlich gesprochen wieder aufsteht und eine zweite Chance ergreift). Aber zurück zur Nachfolgesituation: die Tatsache, dass die Betriebsübergabe auch als Schwäche verstanden werden kann (man ist zu alt, man ist nicht mehr wettbewerbsfähig, usw.), ist ein Faktor, weshalb vergleichsweise wenig über anstehende Betriebsübergaben im Unternehmen gesprochen wird.

Ein anderer Aspekt – und der aus meiner Erfahrung heraus entscheidende – ist ebenda die mögliche Reaktion der „Stakeholder". Wie reagiert die Familie? Was machen die Angestellten? Kommt es vielleicht zu Kündigungen? Welche Folgen hat die Übergabe für Geschäftspartner? Springen eventuell Lieferanten oder Kunden ab, die mit Ihnen eine jahrelange, enge Verbindung pflegten, vielleicht eben „nur" wegen Ihnen dabeigeblieben sind? Was macht die Konkurrenz? Wittert diese vielleicht die Möglichkeit, dem Unternehmen Marktanteile abzujagen aufgrund eines vermeintlichen Machtvakuums an der Führungsspitze des Betriebes? Wie reagieren Kunden? Wie reagieren Kreditgeber, und, und, und … Alle diese Fragen sind es, die dazu führen, dass Unternehmer ihre eigene Nachfolge möglichst lange geheim halten. Und all dies mag auch der Grund sein, weswegen viele nicht über die Situation sprechen wollen. Dies ist nachvollziehbar.

Eigentlich könnte ich Ihnen übrigens auch den Tipp geben, möglichst frühzeitig über Ihre Nachfolge zu sprechen. Denn wenn Sie dies tun, können genau die genannten Befürchtungen eintreten: Mitarbeiter könnten gehen, Kunden könnten verloren gehen, ein Unternehmen könnte wirtschaftlich Schaden nehmen. Aber meine Hauptbotschaft ist eine andere, zumal diese Befürchtungen in der Regel Vermutungen und keine Tatsachen sind.

Ich möchte – davon ausgehend, dass es in der Natur der Sache liegt, eben nicht über die Nachfolge zu sprechen – Ihnen empfehlen, möglichst lange Ihr Geheimnis zu bewahren. Am besten warten Sie bis zum Tag der Übergabe selbst (was natürlich unmöglich ist). Dies bietet Ihnen einen besonderen Vorteil, mehr noch als der mögliche wirtschaftliche Schaden durch Mitarbeiter oder Kunden, die „das Schiff" verlassen, was sich vergleichsweise leicht korrigieren lässt. Wenn Sie Ihr Geheimnis möglichst lange für sich behalten, steht zu einem bestimmten Zeitpunkt dieser Tag der Übergabe an. Und je mehr Sie für sich behalten haben, desto weniger konnten Sie auch auf etwaige Hilfestellungen, Empfehlungen oder Netzwerke zurückgreifen, die im Falle der Fälle unterstützend oder korrigierend hätten eingreifen können. Ich erinnere mich an einen Beratungsfall. Ein junger Unternehmer saß mir gegenüber in meinem Büro. Es war die typische Situation dahingehend, dass man sich mittels Smalltalks kennenlernte. Man kam langsam auf das Thema Selbstständigkeit zu sprechen. Er berichtete über seinen Lebenslauf bei verschiedenen Arbeitgebern, über Weiterbildungen und darüber, dass nun der Wunsch bestehe, endlich auf den eigenen beruflichen Beinen zu stehen. Er habe auch zwei konkrete Optionen, nämlich einerseits eine spannende, innovative Geschäftsidee als Neugründung. Anderseits bestünde die Möglichkeit, in einen kleinen Familienbetrieb in einem Nachbarlandkreis im Zuge einer Nachfolgelösung einzusteigen. Meinen Gesprächspartner interessierte nun, wie ich beide Ideen finde, zu welchem der beiden Wege ich ihm rate, wo ich bessere Zukunftsaussichten mit Blick auf die Geschäftskonzepte sehe. Als ich ihn fragte, um was für Geschäftsmodelle es sich handele, bekam ich zu hören „Das ist geheim, das kann ich Ihnen nicht sagen!" Nun ja. Meine Erklärung, nur eine Einschätzung abgeben zu können, wenn ich wisse, um welche Branchen es sich handle, ließ ihn kalt. Er konnte (wollte?) mir nicht mehr Informationen geben. Und dies obwohl ich niemals auch nur ansatzweise Inhalte aus derart vertraulichen Gesprächen in nachvollziehbarer Art und Weise, sodass jemand Rückschließe ziehen könnte, nach außen tragen würde. Das Ergebnis der Beratung können Sie sich denken: es gab keines. Auf die fachliche Expertise hat der Unternehmer mit Blick auf die „Das ist geheim"-Mentalität verzichtet. Was aus der Option der Nachfolge geworden ist, weiß ich nicht.

Geheimhaltung ist wichtig – gerade zu Beginn, gerade aufgrund der hohen Sensibilität. Aber für die Einbindung von Expertise braucht es den Rat Dritter. Selbiges gilt aber auch für Fragen in Richtung Banken, Rechtsanwälte usw. Wer auf derartige Chancen verzichtet, der erhöht die Sicherheit, dass relevante Informationen auf der Strecke bleiben. Vermeintliche Risiken durch eine offene und transparente Kommunikation lassen sich zum Beispiel durch vertragliche Vereinbarungen wie Geheimhaltungsvereinbarungen oder schon aufgrund rechtlicher Verschwiegenheitspflichten ausschließen. Nebst dem Verzicht auf Wissen und Erfahrung kommt hinzu, dass Sie Mitarbeiter oder Familie vermutlich noch mehr vor den Kopf stoßen und erst recht verärgern, wenn Sie alles im stillen Kämmerchen ausbrüten und dann spontan mit der Türe ins Haus fallen. Fingerspitzengefühl und gesunde Skepsis sind das eine, Vertrauen und die Notwendigkeit, nicht alle Dinge allein bewerkstelligen zu können, das andere. Aber: agieren Sie langfristig intransparent, dann funktioniert die Betriebsübergabe definitiv nicht.

3.3 Alles auf morgen vertagen!

Timing ist alles. Wenn dieser Satz irgendwo Gültigkeit besitzt, dann beim Thema Unternehmensnachfolge. Es ist schwierig, den optimalen Zeitpunkt zum Generationenwechsel gibt es nicht. Und man erkennt den Zeitpunkt erst dann, wenn er vorbei ist. Nicht ohne Grund ist die Fragestellung des richtigen Zeitpunktes eine der größten Herausforderungen, die das Thema in Gänze so schwierig macht.

Mein dritter Rat an dieser Stelle lautet bezogen auf das Stichwort Timing: Wenn Sie Ihre Betriebsübergabe scheitern lassen möchten, halten Sie möglichst lange durch und zögern Sie den Prozess der Staffelstabübergabe zeitlich gesehen möglichst lange hinaus – denn besser als Sie kann es ohnehin niemand!

Ein Problem im Zuge des Generationenwechsels aus Sicht des Übergebers ist, dass es kein richtiges oder falsches Alter gibt. Sowie sehr junge Menschen sehr wohl in der Lage sind, erfolgreich ein Unternehmen zu führen, so kenne ich eine Reihe älterer Menschen, die mit Engagement und Tatendrang die Geschicke ihres Betriebs leiten. Ich denke konkret auch an Unternehmerpersönlichkeiten, die die Schallmauer der 80 Lebensjahre durchbrochen haben, und noch aktiv sind – warum auch nicht?

Das Alter ist kein Grund für oder gegen den Start des Nachfolgeprozesses, falsche Zeitpunkte gibt es aber durchaus. Der definitiv falsche Zeitpunkt sowohl für Dritte als auch für Sie selbst mit Blick auf die Betriebsübergabe ist sicherlich der Zeitpunkt Ihres Todes. Nicht nur, dass Sie dann nichts mehr vom Ruhestand haben. Auch für Ihren Nachfolger, sofern es ihn gibt, sind die Herausforderungen ungleich schwierig, wenn er spontan in Verantwortung kommt. Der Vorteil der Unternehmensnachfolge ist ja eben, dass sie an sich planbar ist (in der Theorie, und insofern Sie meinen Ratschlag aus Abschn. 3.1 nicht befolgen). Tod und Krankheit hingegen werden kaum planbar sein, sodass man für diesen Anlass der Betriebsübergabe Vorbereitungen treffen sollte – hierauf komme ich später noch einmal zu sprechen. Generell gilt, dass die Übergabe zu Lebzeiten (zumeist) für alle Seiten die beste Lösung ist.

Wann ist der richtige Zeitpunkt, um sich (nicht) mit der Nachfolge zu befassen? Bezogen auf die Planungsschritte gilt es hierbei sicherlich zu unterscheiden. Allgemeine Fragestellungen wie die Übergabemodalitäten oder die eigene Lebensplanung sind sicherlich zu einem früheren Zeitpunkt zu beantworten (manche überlegen sich bereits bei der Unternehmensgründung einen langfristigen Zeithorizont), als die konkrete Suche nach einem Nachfolger oder dessen noch spätere Einarbeitung. Beziehen wir uns aber auf den Zeitpunkt der intensiveren Befassung, so weichen die Empfehlungen voneinander ab. Die Empfehlung der Industrie- und Handelskammern lautet, am besten etwa zehn Jahre vor Übergabe damit anzufangen, das Unternehmen übergabereif zu machen mit Blick auf Organisation, Infrastruktur oder betriebswirtschaftliche Facetten. Drei Jahre vor dem Übergabetermin sollte man mit der aktiven Suche nach einem Nachfolger beginnen, um den konkreten Übergabeprozess spätestens ein Jahr vor dem finalen Termin in die Wege zu leiten (DIHK 2019, S. 16). Das Bundeswirtschaftsministerium empfiehlt hingegen einen Zeitraum von mindestens fünf Jahren für den gesamten Prozess (BMWi 2019, S. 26). Aus steuerlichen Gründen, insbesondere bei der Übertragung von Unternehmensanteilen durch Schenkung oder Erbschaft, ist zu bedenken, dass je nach Verwandtschaftsgrad Freibeträge existieren, die alle zehn Jahre geltend gemacht werden können.

Den richtigen Zeitpunkt gibt es nicht. Aber man sollte ihn nicht verpassen. Nicht nur das persönliche Alter und hiermit einhergehende Veränderungen mit Blick auf Leistungsfähigkeit und Motivation haben eine Bedeutung. Zum Beispiel sind auch die aktuelle Markt- und Wirtschaftslage nicht ganz unerheblich für den Preis, den Sie für einen Verkauf an Dritte erzielen können. Wenn Sie lange genug warten und letztlich in ungünstigem konjunkturellem Umfeld veräußern müssen, ist dies sicherlich nicht die beste Lösung für Sie.

Wenn Sie die Wahrscheinlichkeit eines Scheiterns Ihrer Betriebsübergabe erhöhen möchten, warten Sie so lange wie möglich. Verzichten Sie nicht nur auf Pläne des Übergabeprozesses, sondern seien Sie spontan, entscheiden Sie kurzfristig und so spät wie möglich. Verzichten Sie auf Flexibilität und Gestaltungsspielräume. Lassen Sie möglichen Expertenrat, den Sie bei Vorlauf nutzen könnten, einfach beiseite. Warum frühzeitig zum Beispiel ein Netzwerk aufbauen, wenn es morgen vermeintlich auch noch geht. Und vertrauen Sie darauf, dass Sie ewig leben. Krankheiten und Tod treffen stets nur andere. Geld spielt auch keine Rolle, wer braucht Steuervorteile oder muss in die Modernisierung seines Unternehmens investieren, um das Angebot für die Nachfolge attraktiv zu machen. Und zu guter Letzt: Wenn Sie keinen ruhigeren Lebensabschnitt nach dem Berufsleben ohne Terminstress und Leistungsdruck haben wollen, dann warten Sie auch dann solange wie möglich. Denn das Problem löst sich von allein – irgendwann und irgendwie.

3.4   Der Apfel fällt nie weit vom Stamm!

Was glauben Sie, ist die größte Herausforderung aus Sicht eines potenziellen Übergebers bei der geplanten Betriebsübergabe? Ganz einfach: den Richtigen zu finden! Wie bei der Partnerwahl im echten Leben gibt es möglicherweise ein umfangreiches Angebot, aber den richtigen Deckel für den Topf zu finden ist ungleich schwieriger. Das Hauptproblem im Zuge des Generationenwechsel ist das Finden eines Nachfolgers.

In Abschn. 2.3 hatte ich Ihnen in Folge der Entwicklung von Angebots- und Nachfrageseite bereits aufgezeigt, wie sich die Schere zwischen Übergabe- und Übernahmeseite in den letzten Jahren entwickelt hat und wie sich die Gemengelage aus meiner Einschätzung heraus weiter entwickeln dürfte. Diese Situation wird die Problematik der Nachfolgersuche weiter verstärken. Zuletzt gaben 45 % der von den Industrie- und Handelskammern beratenen potenziellen Betriebsübergebern an, zum Zeitpunkt der aktiven Auseinandersetzung mit dem Thema Unternehmensnachfolge noch keinen Nachfolger gefunden zu haben. Noch im Jahr 2009 lag dieser Wert bei 35 % (DIHK 2021).

Die Suchmöglichkeiten nach dem Richtigen sind vielschichtig. Typischerweise denkt man häufig daran, dass der Staffelstab innerhalb der eigenen Familien übergeben wird – bei der Vielzahl der familiengeführten Mittelständlern auch keine abwegige Annahme. Aber auch die Übergabe an Mitarbeiter oder der Verkauf an Dritte sind Wege. Für externe Käufer können die Zielsetzungen zur Übernahme von Mittelständlern neben der eigenen strategischen Geschäftsdiversifikation oder der Gewinnung neuer Standbeine (im Falle von Unternehmen in der Käuferposition) oder in finanziellen Renditeerwartungen (im Falle von Investoren in der Käuferposition) liegen. Wie weit derartige strategische Überlegungen mit Blick auf Nachfolgelösungen reichen, zeigen bekannte Beispiele aus dem Handwerk oder der IT-Branche, in denen mit Blick auf die Sicherung von qualifizierten Mitarbeitern vollständig Betriebe übernommen werden, um Fachkräfte zu gewinnen. Derartige strategische Ziele können Motive für Unternehmensnachfolgen beziehungsweise Unternehmensübernahmen sein. Mitarbeiter hingegen nutzen vielleicht sich bietende Karrierechancen oder fühlen sich schlicht dem Unternehmen verbunden und wollen mitgestalten.

Mein vierter Ratschlag an Sie: Wenn Sie Ihre Betriebsübergabe scheitern lassen möchten, setzen Sie immer (vorausgesetzt dies ist möglich) auf den Nachfolger aus der eigenen Familie. Blut ist stets dicker als Wasser, insofern muss der Generationenwechsel innerhalb der eigenen Familie stattfinden!

Das Institut für Mittelstandsforschung betont, dass eine exakte Aussage darüber, wie viele Familienunternehmen hierzulande tatsächlich innerhalb der Familie, innerhalb der Mitarbeiterschaft oder unternehmensextern übergeben werden, in Folge der Erhebungsmethodiken empirischer Studien (Institut für Mittelstandsforschung 2018, S. 21) nicht vollumfänglich ermittelt werden kann. Hierauf aufbauend hat das Institut eine Metaanalyse durchgeführt mit dem Ergebnis, dass 53 % der Nachfolgelösungen von Familienunternehmen familienintern stattfinden. 29 % der Nachfolgen erfolgen unternehmensextern, in 19 % der Fälle kommt der Nachfolger in einem Familienunternehmen aus dem Unternehmen, ist jedoch nicht Teil der Familie (Institut für Mittelstandsforschung 2018, S. 23). Fakt ist, dass sich laut Statistiken mit Blick auf die Übernahmen innerhalb der Familien in den letzten Jahren ein rückläufiger Trend zeigt. Zuletzt betrug der Anteil an familieninternen Übergaben an allen Übernahmen 34 %, im Durchschnitt der letzten Jahre lag der Wert bei 38 % (KfW 2020, S. 5). Als Ursachen nennt die KfW nebst demografischer Entwicklung und geringerer Kinderanzahl je Unternehmergeneration alternative Interessen der nachwachsenden Generation in Folge von Bildungs- und Berufswegen. Die Anzahl an Alternativen reduziert die früher klassische Lebensplanung, wonach die Kinder in die unternehmerischen Fußstapfen der Eltern treten. Nicht zuletzt in Folge dieser Entwicklung verliert die lange Jahre bestehende Regel zu Gunsten einer familieninternen Nachfolge im Mittelstand an Bedeutung (KfW 2019, S. 3). Im Jahr 2019 bevorzugten laut KfW 44 % der Inhaber ein Familienmitglied als Nachfolgelösung, 2017 waren es noch 54 %.

Und dieser Aspekt ist entscheidend. Gerade bei Familienbetrieben liegt die interne Nachfolge quasi auf der Hand (oder in der Wiege). Und in den allermeisten Fällen ist dies auch die beste Wahl aus vielerlei Gründen. Aber einerseits nimmt die Anzahl der Nachfolgen innerhalb der Familie aus den genannten Gründen ab. Andererseits ist es so, dass die familiäre Abstammung kein Garant für Qualifikation und Motivation ist. Der richtige Nachfolger muss wollen und die Leitung des Familienbetriebs muss in die eigene Lebensplanung passen. Jemand gegen den eigenen Wunsch zu seinem Glück oder Unglück zu zwingen ist der falsche Weg. Hinzu kommt die notwendige Qualifikation des Nachfolgers mit Blick auf Fachkompetenz, aber auch in Sachen unternehmerisches Gespür und soziale Befähigung. Zum Unternehmer wird definitiv niemand geboren. Ohne Zweifel spielen soziales Umfeld und Erziehung eine wichtige Rolle, aber der Wille, den letzten Schritt gehen zu wollen – nebst erlernbaren Kompetenzen – muss vorhanden sein. Wenn Sie die Wahrscheinlichkeit eines Scheiterns der Übergabe erhöhen wollen, dann vernachlässigen Sie derartige Sachverhalte und setzen Sie bitte ausschließlich auf die Erbfolge.

Ich möchte betonen, dass mir aus der Praxis kaum Fälle von Nachfolgen innerhalb von Familien bekannt sind, bei denen der Nachfolger nicht geeignet war. Vielleicht liegt das aber auch daran, dass im Beratungsalltag all diejenigen Fälle, bei denen ein Scheitern wahrscheinlicher ist, gar nicht erst eine Beratung in Anspruch nehmen. Aber die erwähnte Situation einer erschwerten Nachfolgersuche im Allgemeinen macht es erforderlich, dass zur Bewältigung der Lücke zwischen Angebot und Nachfrage auch Alternativen wie ebenda aus dem Kreise der Mitarbeiter, der Gesellschafter oder von extern in Erwägung gezogen werden müssen. Wenn Sie Ihre Nachfolge aber ein wenig mehr in Richtung Scheitern bewegen möchten, dann lassen Sie diese Optionen von vornherein außen vor. Setzen Sie ausschließlich darauf, dass Ihr Nachwuchs den Betrieb zukünftig leitet, egal er überhaupt Interesse oder Freude daran hat, ob seine private Lebensplanung dieses Szenario vorsieht oder ob er überhaupt die fachlichen und unternehmerischen Qualifikationen besitzt. Er wird es Ihnen danken!

3.5   Das kann ich doch selbst am besten!

Sie sind Unternehmer durch und durch. Sie packen Dinge an, erkennen Probleme und finden stets richtige Lösungen. Wenn dem nicht so wäre, wären Sie nicht so erfolgreich, wie Sie es eben sind. Sie sind Stratege, Denker und Macher! Also warum nicht auch dieses (letzte) strategische Thema, den Generationenwechsel, selbst anpacken. Nicht nur können Sie möglichst lange Ihre Überlegungen für sich behalten und gehen keine unnötigen Risiken ein (vgl. Abschn. 3.2). Nein, Sie können schließlich ja auch am besten beurteilen, was gut und richtig für Ihr Unternehmen ist. Wenn Sie diese Ansicht teilen, dann kann ich mir meinen nächsten Tipp sparen. Andernfalls, …

Ratschlag Nummer fünf lautet: Wenn Sie Ihre Betriebsübergabe scheitern lassen möchten, erledigen Sie den Generationenwechsel im Alleingang!

Es gibt diese Menschen, die alles können (oder der Meinung sind, es zu tun). Sie kennen sicherlich auch derartige Exemplare. Oder nicht? Man kann ihnen nichts vormachen, sie wissen alles besser. In der Beratung gibt es zwei Typen von Personen (nebst denjenigen, die komplett unvorbereitet kommen und sich einfach mal informieren möchten): diejenigen, die mit einer Liste von Fragen zu Ihnen kommen und diese sukzessive besprechen wollen, um Antworten zu erhalten. Und es gibt diejenigen Menschen, die mit einer Liste an Frage kommen und die Antworten direkt mitbringen (und sie auch nicht einmal mehr „nur" bestätigen lassen möchten). Letztere sind deswegen interessant, weil man sich als Berater zurücklehnen kann und das Gespräch als eine Art Schulung verstehen kann – ob die Inhalte nun richtig sind oder nicht, das ist nicht maßgeblich. Zweitgenannter Typus an potenziellem Übergeber ist derjenige, der aktiv daran mitwirkt, dass sein Generationenwechsel scheitert.

Die Unternehmensnachfolge ist derart komplex (vgl. Abschn. 3.1), dass es meiner Ansicht nach unmöglich ist, alle Facetten allein zu bewerkstelligen. Besonders erfolgreich dürfte ein Vorhaben sein, wenn Sie bis weitgehend zum Tag der Übergabe warten und wenn der Prozess möglichst spontan erarbeitet wird (vgl. Abschn. 3.3). Die Betriebsübergabe lässt sich in der Regel nicht nebenbei planen und umsetzen – und meistens sind die potenziellen Übergeber erfolgreiche Unternehmer, aber eben nicht Unternehmensnachfolgespezialisten, Steuerexperten, Rechtsanwälte, Mediatoren, Wirtschaftsprüfer oder Fördermittelberater. Dabei braucht es mit Blick auf die Themenvielfalt von Gesellschafts- und Erbrecht, Finanzierung, Steuerrecht, Unternehmensbewertung, Schlichtung und, und, und … eben genau diese Vielschichtigkeit, um an weitgehend alle Facetten einer Betriebsübergabe zu denken.

Wer sich mit der Betriebsübergabe beschäftigt, tut dies meist zum ersten Mal im Leben und mutmaßlich auch das einzige Mal. Es herrscht ein klassisches Informationsdefizit, insbesondere bezogen auf die fachspezifischen Sachverhalte, die mit der Unternehmensnachfolge einhergehen. Eine freudige Nachricht möchte ich an dieser Stelle loswerden: es gibt viele Anlaufstellen, die zu allen Themen rund um die Betriebsübergabe helfen. Es braucht sie nebst Informationsangeboten wie es sie online mittlerweile dankenswerterweise zu Genüge gibt. Insbesondere öffentliche Einrichtungen, Wirtschaftsförderungen, die Industrie- und Handelskammern, die Handwerkskammern, aber auch Branchenverbände leisten mit Hilfe von Informationsbroschüren, Checklisten oder Seminaren wertvolle Grundlagenarbeit. Hinzu kommt eine ganze Reihe an guten Dienstleistern, auch Banken und Fachexperten. Auch zahlreiche Fachbücher greifen die Thematik mittlerweile auf und erklären Ihnen, was Sie bei Ihrer Unternehmensnachfolge beachten müssen (dieses Buch erklärt Ihnen ja das Gegenteil. Schauen Sie doch einfach mal im Internet oder bei Ihrem Buchhändler des Vertrauens nach.). Und vergessen Sie nicht Einzelgespräche und Fachberatungen. Niemand ist mit Blick auf den Generationenwechsel auf sich allein gestellt. Auch und gerade kleine und mittlere Unternehmen, die nicht über entsprechende Expertisen in ihren eigenen Häusern verfügen, können auf ein breites Netzwerk an qualifizierten Experten zurückgreifen. Also: verzichten Sie auf diese Angebote und machen Sie es doch einfach selbst!

3.6   Der Staat bin ich!

Pflanzen brauchen Licht (und Wasser)! Diesen Satz hört man auch im Zusammenhang mit dem Generationenwechsel. Lassen Sie mich wieder mit einer erlebten Beratungssituation beginnen. Mir gegenüber sitzen diesmal ein Vater und ein Sohn, es geht um erste Fragen zur Unternehmensnachfolge, die demnächst angegangen werden soll. Der Sohn war eine ganze Weile bei anderen Unternehmen beruflich tätig, hat anderweitig seine Erfahrungen gemacht, steht mitten im Leben. Da wir bezogen auf den Übergabeprozess relativ frühzeitig dran sind, sind es eher allgemeine Fragen bezogen auf Übertragungsvarianten und dergleichen, um die es im Gespräch geht. Nach einer Weile fällt mir auf, dass ich mich dauerhaft mit dem Vater unterhalte, und dies, umso mehr wir konkret auf das Unternehmen zu sprechen kommen. Und auch als es um die Frage geht, wie denn die strategische Ausrichtung des Unternehmens in Zukunft aussehen könne, welche Marktnischen denkbar wären und wo zukünftig Investitionsbedarf bestehe (so viel sei verraten, dass ein wenig „frisches Blut" dem Betrieb nicht schaden würde), verbleibt die Gesprächsführung beim Vater. Ich denke mir, spreche ich doch direkt den Sohn an. Und wie erwartet, antwortet auch dann der Vater direkt. „Er will…". „Er muss …". „Er hat geplant…". Und schafft es der Sohn doch einmal zu Wort zu kommen, wird er direkt vom Vater unterbrochen mit Aussagen wie man müsse dies oder jenes tun. Ein klassischer Fall von „Nichtloslassenkönnen".

Mein nächster Ratschlag an Sie lautet: Klammern Sie sich an Ihr Unternehmern und lassen Ihrem Nachfolger keinen Raum. Denken Sie sich stets: „Der Staat bin ich!".

Dieses Beispiel ist – wenngleich menschlich und verständlich – allgegenwärtig beim Generationenwechsel. Es geht um das eigene Lebenswerk, welches übergeben werden soll. Da kann man doch nicht einfach sagen „Mach Du mal!". Es gilt, das loszulassen, was man durch jahrelange Arbeit und Mühen sowie Zeit aufgebaut hat. Dies kostet enorme Überwindung, gerade trotz Erfolg und möglicherweise weiterhin bestehendem unternehmerischen Ehrgeiz. Ich kenne Unternehmer, die trotz hohem Alter täglich zu „ihrem" Unternehmen fahren, eventuell noch ein Büro besitzen, schauen ob alles in Ordnung ist – im besten Falle stören sie zumindest den Betriebsablauf nicht. Insofern ein Übergeber jedoch klammert und eben nicht loslässt, verhält es sich meist wie mit der Pflanze, die kein Licht bekommt. Oder wie mit der Pflanze, die neben einem großen Baum wachsen soll, der ihr jedoch aufgrund seiner Wurzeln jegliches Wasser entzieht. Verstehen Sie mich auch hier nicht falsch, die Expertise des Übergebers ist von unschätzbarem Wert und es gilt sie bestmöglich zu nutzen, zum Wohle und Nutzen aller. Aber irgendwann ist es eben auch gut. Nicht nur kann besagtes Beispiel des Seniorunternehmers, der täglich an seine alte Wirkungsstätte kommt, den Betriebsablauf eben doch stören, auch emotional mag dies zum Beispiel für den Nachfolger eine Herausforderung sein, wenn Mitarbeiter stets auf die Arbeit des (noch anwesenden) ehemaligen Chefs verweisen oder gar noch nach seiner Meinung fragen. Es gibt einen Zeitpunkt, der klar definiert und geplant sein muss, an dem das Zepter der Verantwortung übergegangen sein muss. Es braucht klare Definitionen von Aufgaben und Verantwortungsbereichen im Übergabeprozess. Gerade wenn in Folge familiärer Verbindungen die emotionale Bindung noch enger ist als bei externen Übernehmern ist dies umso wichtiger. Passiert dieses Loslassen mit all seinen Facetten nicht, nimmt die neue Pflanze schaden. Im Umkehrschluss werden eventuell neue strategische Weichenstellungen nicht angegangen, womöglich werden Chancen nicht genutzt. Es braucht Raum zur Entfaltung, dies gilt für Pflanzen, für Kinder, aber eben auch im Zuge der Betriebsübergabe für die nächste Generation.

Wenn Sie keine Lust auf Ruhestand haben, wenn Sie unerfüllte Träume nicht endlich mal ausleben wollen, keine Hobbies, keine ehrenamtliche oder anderweitige berufliche Karrierepläne haben und dennoch den Übergabeprozess eingeleitet und einen potenziellen Nachfolger im Unternehmen haben, klammern Sie sich am besten so fest und so lange wie möglich an Ihre Aufgaben und lassen Sie dem Nachfolger keine Luft zum Atmen. Dann gelingt es Ihnen, den Übergabeprozess negativ zu beeinflussen. Sie haben es in der Hand!

3.7   Das haben Sie sich verdient!

Endlich ausgesorgt – wenn nicht im Zuge des Generationenwechsels, wann dann? Wenn Sie das denken, wird Ihnen mein nächster Tipp gefallen.

Mein Ratschlag Nummer sieben lautet: Nutzen Sie die Betriebsübergabe, um sich eine goldene Nase zu verdienen und Ihren Ruhestand zu vergolden. Denn Sie haben es sich verdient!

Ich möchte einen ähnlichen Fall wie in Abschn. 3.6 ansprechen. Wieder sitzen Vater und Sohn vor mir in der Beratung. Wieder geht es um die Betriebsübergabe. Diesmal stehen aber Fragen rund um die Finanzierung des Unternehmenskaufpreises und mögliche Fördermittel in Form von Darlehen einer Förderbank im Vordergrund. Nun ist klar, dass Kredite zur Finanzierung einer Unternehmensübernahme – auch innerhalb der Familie – an die Banken zurückgezahlt werden müssen. Insofern ist der Blick in die Zukunft des Unternehmens ausschlaggebend. Und hier lag das Problem: Der Vater hatte seine Vorstellungen, was er sich denn vom Kaufpreis, den der Sohn – denn es sei ja klar, dass er das Unternehmen übernehme – alles leisten wolle. Schließlich habe er (der Vater) jahrzehntelang für das Unternehmen gearbeitet und das müsse sich nun rechnen. Auch nachdem wir grob überschlagen hatten, welche Zins- und Tilgungsbelastungen der Sohn für den Kauf zu stemmen haben würde und dies mit den Ertragszahlen des Unternehmens abglichen, träumte der Vater weiterhin von seinen Zielen im Ruhestand. Das zweite Problem: weder die Finanzlage des Unternehmens noch die des Sohnes ließen vermuten, dass er den Kapitaldienst bedienen dürfte können, noch ließ der ebenfalls geschätzte Unternehmenswert den geforderten Kaufpreis realistisch erscheinen. Aber sei es drum, der Vater hatte sein Ziel und der Sohn habe dies aufgrund der familiären Verpflichtung zu tragen.

Wo liegt das Problem? Einerseits vielleicht darin, dass der Vater nicht loslassen kann (vgl. Abschn. 3.6), da er auch in diesem Gespräch der dominante Gesprächspartner war. Richtig? Andererseits auch darin, dass der Vater aufgrund der Familienbande den Sohn in der Pflicht zur Nachfolge sah (vgl. Abschn. 3.4). Aber zuletzt auch darin, dass er seinem Sohn mit diesem Gebaren, mit dem seiner Ansicht nach nicht diskutablem Kaufpreis, keinen Gefallen tat.

Aber was ist denn überhaupt der richtige Preis? Die einfache Antwort: es gibt keinen richtigen Preis. Letztlich ist der Preis richtig, der von beiden Seiten akzeptiert und gezahlt wird. Anbieter und Nachfrager müssen sich einigen. Ohne Nachfrage ist selbst der niedrigste Preis noch zu hoch. Der Kaufpreis ist immer ein Kompromiss, der sich aus verschiedenen Komponenten zusammensetzt. So sind nicht zuletzt je nach Methodik der Unternehmenswertberechnung – ob Ertragswert-, Substanzwert- oder Multiplikatormethode – verschiedenste Parameter ausschlaggebend für den errechneten Wert eines Unternehmens.

Auch wenn der Kaufpreis stark vom Einzelfall abhängt, so lohnt der Blick auf angesetzte (nicht erzielte) Kaufpreise mittelständischer Betriebe, bei denen der Inhaber eine Nachfolge anstrebt (KfW 2019, S. 4): in 18 % der Fälle lag der im Jahr 2019 angesetzte Preis bei über 1 Mio. Euro, in 16 % zwischen 500.000 Euro bis 1 Mio. Euro, bei 10 % zwischen 250.000 Euro und 500.000 Euro. 18 % sehen einen Preis zwischen 100.000 Euro und 250.000 Euro, 20 % zwischen

50.000 Euro und 100.000 Euro. In 18 % der Fälle lag der Preis unter 50.000 Euro. Der durchschnittliche Kaufpreis wurde mit 372.000 Euro ausgewiesen. Bezogen auf den Umsatz setzen Mittelständler den Kaufpreis beim 1,1-fachen des Jahresumsatzes an im Jahr 2019 (KfW 2019, S. 5).

Der Kaufpreis ist ein Kompromiss von Angebots- und Nachfrageseite. In der Sache stehen sich hierbei (meist) sich widersprechende Interessen gegenüber: eine Seite (i. d. R. Übergeber) will möglichst viel bekommen, die andere Seite (i. d. R. Übernehmer) will möglichst wenig geben. Sind die Preise zu hoch, findet womöglich keine Nachfolge statt. Und wenn doch, weil ein Übernehmer gefunden zu sein scheint (wie im Beispiel), kann ein zu hoher Preis die wirtschaftliche Substanz und Leistungsfähigkeit des Unternehmens gefährden.

Ohne Zweifel ist der Ratschlag „Verdienen Sie sich eine goldene Nase!" differenziert zu betrachten. Im Falle einer familiären Übergabe oder wenn Unternehmen in Familienhänden bleiben und durch einen Fremdgeschäftsführer geleitet werden soll ist die Einforderungen eines maximal möglichen Kaufpreises und die Verfolgung eigener Interessen eine andere Situation als bei einem Verkauf an Dritte. Auch ist zum Beispiel bei der Zielsetzung des Übergebers, den Betrieb finanziell möglichst „gesund" an fremde Hände zu übergeben, die Finanzforderung anders, als wenn dem Übergeber die Zukunft egal ist und es lediglich darum geht, die Zitrone soweit wie möglich auszupressen.

Trotz sinkender Zahlen erfolgt nach wie vor der Großteil der Übergaben in familiengeführten Betrieben innerhalb der eigenen Familie. Ein Verkauf an Dritte wird zusehends häufiger – meiner Ansicht nach wird dieser Trend zunehmen. Dennoch beachten Sie bitte nochmals meinen Rat, wenn Sie Sorge tragen wollen, dass die Nachfolge scheitert: Sie haben es sich verdient! Durch eine bereits in den Verkaufsverhandlungen aus Ihrer Sicht adäquate Preishöhenfestlegung können Sie den Prozess direkt zu Beginn der Verhandlungen zum Stillstand bringen. Und wenn Sie sich doch dazu durchringen, einen Kompromiss mit einem potenziellen Käufer einzugehen, dann setzen Sie den Preis wenigstens hoch genug, dass eine Übergabe zu Stande kommt, aber wenigstens die wirtschaftliche Stärke des Unternehmens derart geschädigt wird, dass wenig Mittel verbleiben, um notwendige Neuausrichtungen oder Investitionen einzugehen. Und unterliegen Sie bitte nicht dem Irrtum, dass Sie das Unternehmen eben nicht dafür jahrelang geleitet haben, um im Ruhestand in Saus und Braus zu leben. Und denken Sie stets daran, Emotionen und Ihr Herzblut müssen von Fremden finanziell abgegolten werden.

3.8   No risk, no fun!

Risiken gehören zum Unternehmerleben. Dass Sie eine geringere Risikoaversion als andere Menschen besitzen, zeigt sich nicht zuletzt dadurch, dass Sie selbstständig sind. Andernfalls würden Sie mutmaßlich einer anderen (sicheren) beruflichen Tätigkeit nachgehen. Nichtsdestotrotz sind unternehmerische Entscheidungen von Risiken geprägt. Egal ob es um die Einstellung neuer Mitarbeiter, die Akquise neuer Kunden, um die Entwicklung neuer Produkte und Dienstleistungen oder Investitionsentscheidungen geht. Und auch bei der Betriebsübergabe spielen Risiken eine Rolle. Ein ganz wesentliches Risiko ist das des Scheiterns der Nachfolge, aber eben darum geht es ja in diesem Buch. Lassen Sie uns daher nicht über die Risiken des großen Ganzen sprechen, sondern um diejenigen Risiken, die dem vorgeschaltet sind.

Mein achter Ratschlag an Sie lautet: Wenn Sie den Generationenwechsel zum Scheitern bringen wollen, sind Sie stets und immer bereit für jegliches Risiko! Sichern Sie sich nicht ab gegen Unwägbarkeiten. Seien Sie so risikofreudig wie nur möglich. Getreu dem Motto: No risk, no fun!

Welche Risiken gibt es im Kontext Unternehmensnachfolge (mit Ausnahme des generellen Risikos des Scheiterns)? Um Ihnen einige wenige Gedanken mitzugeben, lassen Sie mich mit dem größten Risiko starten: Der Verlust des Chefs. Ich kenne ein heute erfolgreiches mittelständisches Unternehmen, dessen Führungsspitze vor einigen Jahren in Verantwortung gekommen ist, weil der Unternehmer und Familienvater tödlich verunglückt ist. Ein schwerer Schicksalsschlag und zum damaligen Zeitpunkt ohne Zweifel eine enorme Herausforderung für die Kinder, die nicht nur den Tod des geliebten Vaters verkraften mussten, sondern zugleich das Schicksal für den gesamten Betrieb in die Hände gelegt bekamen (eine Mutter gab es nicht). Sie werden denken, das sei ein Einzelfall. Aber das ist es keineswegs. Es gibt keine amtliche Statistik darüber, wie viele Betriebsübergaben derart ungeplant stattfinden. Das Institut für Mittelstandsforschung weist für den Ausfall aufgrund von Krankheit pro Jahr durchschnittlich einen Anteil von rund 0,4 % an der Summe der Selbstständigen aus. Den Anteil ausscheidender Unternehmer (unter 61 Jahren) aufgrund von Tod beziffert das Institut pro Jahr auf rund 0,3 % (Institut für Mittelstandsforschung 2018, S. 7). Insofern sind die Werte in Relation gesehen verhältnismäßig gering. Da jedoch aufgrund der Plötzlichkeit die Betriebsübergabe bei einem derartigen Schicksalsschlag vor besonderen Herausforderungen steht und eine Nachfolge bei mangelnder Vorbereitung zum Teil deutlich erschwert ist, darf man trotz der geringen Prozentwerte dieses Thema nicht vernachlässigen.

Die geplante Unternehmensnachfolge ist der Optimalfall. Aber es gibt auch die ungeplante Unternehmensnachfolge oder zumindest einen ungeplanten Anlass für eine Betriebsübergabe. Konkret meine ich Krankheit oder Tod des Unternehmensinhabers. Ist der Anlass einer Nachfolge ungeplant, liegt das Risiko des Scheiterns ungleich höher, da notwendige Schritte des Generationenwechsels, die normalerweise geplant werden, wie die Suche nach dem Nachfolger oder die Vorbereitung des Übergabeprozesses, nicht wie gewohnt stattfinden können.

Und hier sind wir beim Thema mangelnde Vorbereitung: Wenn Sie Ihre Nachfolge scheitern lassen wollen, dann verzichten Sie auf Risikovorsorge. Vertrauen Sie darauf, dass Sie nie krank werden oder auch nur ansatzweise ein Risiko besteht, dass Sie plötzlich sterben. Die Industrie- und Handelskammer (IHK) Würzburg-Schweinfurt hat 2020 in einer Umfrage unter rund 2.000 Unternehmen ermittelt, dass Unternehmensinhaber exakt diesem Ratschlag folgen! Die Vorbereitungen für eine ungeplante Betriebsnachfolge werden kaum beachtet. Sechs von zehn Betrieben gaben laut der genannten Befragung an, keine Vorbereitung in Form eines Notfallkoffers zu haben (Genders 2020). Nur vier von zehn Unternehmen sind gegen den größten Notfall umfänglich gesichert. Und auch bei den Unternehmen, die eine entsprechende Risikovorsorge nutzen, ist sie nicht überall auf dem aktuellen Stand. Wenn Sie kein Freund von unverhältnismäßig hohem Risiko sind, dann haben Sie einen Notfallkoffer oder ähnliches. Hierbei handelt es sich um einen Regel- und Maßnahmenkatalog, der Dinge wie Stellvertreterregelungen, Vollmachten, Kontaktdaten für Versicherungen, Arbeitsanweisungen für einen Krisenstab, aber auch zum Beispiel Kontonummern, Passwörter oder Testament und Erbvertrag enthält.

Neben dem Ausfallrisiko des Chefs durch Krankheit oder Tod gibt es weitere Risiken im Zuge der Unternehmensnachfolge, die Sie eingehen sollten, wenn Sie den Generationenwechsel im Sinne des Findens einer optimalen Lösung für Übergeber und Übernehmer gefährden wollen. Ein typisches Thema ist die Haftung im Zuge der Staffelstabübergabe, die nicht zuletzt im Kaufvertrag eine Rolle spielt. Je mehr Sie als Übergeber Wert darauflegen, dass Sie auch nach Übergabe eine Haftung gegenüber Altgläubigern haben, desto mehr „Fun" haben Sie auch in Zukunft. Im Umkehrschluss kann sich der Übernehmer durch die Gestaltungsoptionen mit Themen wie der Haftung für betriebliche Steuerschulden, für Löhne und Gehälter oder Garantieleistungen beschäftigen. Der Pool an haftungsrelevanten Themen ist umfangreich. Ein zweites Thema für Sie als Übergeber ist ein Risiko, dass Sie schon im Laufe Ihres Unternehmerlebens massiv beeinflussen können. Ich meine das der Altersarmut. Wie Sie in Abschn. 3.7 gesehen haben, ist die Frage des Kaufpreises nicht ganz unerheblich. Die Praxis zeigt zugleich, dass nicht jeder Übergeber das bekommt, was er sich beim Verkauf erhofft, um die nächste Lebensphase wie geplant gestalten zu können. Und vergessen Sie bitte die Steuer nicht. Ergo besteht die Chance, finanzielle Einbußen hinnehmen zu müssen, gerade wenn vielleicht mangels Planung oder Weitsicht relativ spontan der Verkaufsprozess umgesetzt werden muss. Das Risiko Altersvorsorge sollten Sie dringend nicht anpacken, möchten Sie Ihre Unternehmensübergabe scheitern (oder verzögern) lassen wollen beziehungsweise das Leben danach spannend gestalten.

Seien Sie so risikofreudig wie möglich, vertrauen Sie darauf, dass schon immer alles gut gehen wird. Schlechte Dinge treffen stets die anderen. Wenn Sie diesen Ratschlag beherzigen, haben Sie einen weiteren wichtigen Baustein hin zu einem Scheitern des Generationenwechsels.

3.9 Sachlichkeit ist Trumpf!

Lassen Sie uns „alle neune" voll machen und auf den letzten Ratschlag zu sprechen kommen. Dieser lautet: Vernachlässigen Sie Emotionen. Was es braucht ist Sachlichkeit, Sachlichkeit und Sachlichkeit.

Vieles ist planbar und die meisten Herausforderungen rund um den Generationenwechsel sind bei Beachtung der richtigen Ratschläge zu meistern – oder eben auch nicht. Nur eines werden Sie niemals planen können: die Emotionen der Menschen. Letzteres ist das, was die Unternehmensnachfolge zu etwas Besonderem macht: Gefühle der Beteiligten. Der Deutsche Industrie- und Handelskammertag (DIHK) e. V. formuliert völlig zu Recht „Unternehmensnachfolge spielt sich im Herzen ab" (DIHK 2019, S. 15).

Sie werden sagen, bei allen unternehmerischen Tätigkeiten haben Sie in der Regel mit Menschen zu tun, stets spielt das Miteinander und Zwischenmenschliche nebst der Fachexpertise, neben betriebswirtschaftlichen oder rechtlichen Überlegungen eine Rolle. Ja, richtig! Aber bei der Betriebsübergabe ist die Situation dennoch besonders, nicht nur, weil es immer zwei Seiten gibt, die in die Entscheidungsfindung mit einbezogen sind, nämlich die Übergeber sowie die Übernehmer. Gerade die Kreise der bei Unternehmensnachfolgen betroffenen Personen sind nicht gefeit vor Emotionalität. Denken Sie an die Nachfolge innerhalb der Familien, wenn aus vertrauten Menschen plötzlich Geschäftspartner (womöglich auch mit gegenläufigen Interessen), wenn aus Kindern plötzlich Chefs werden, oder wenn im Zuge von familieninternen Nachfolgelösungen nicht alle entsprechenden Interessen bedacht werden können und manche mit Ausnahme gesetzlicher Ansprüche leer ausgehen. Und spätestens, wenn es um Geld geht, dürfte es bei einigen mit den Gefühlen durchgehen. Nicht ohne Grund sind Emotionen – insbesondere in Familienunternehmen – im Rahmen des Generationenwechsels einer der häufigsten Gründe für das Scheitern (BMWi 2019, S. 28). Aus meiner Erfahrung sind Emotionen mit der Nachfolgersuche sowie dem rechtzeitigen Beginn des Übergabeprozesses im engeren Sinne die drei bedeutendsten Themen des Generationenwechsels. Und vergessen Sie nebst all der Familiensichtweise nicht Personenkreise wie Mitarbeiter, die zum Beispiel darauf vorzubereiten sind, dass eine Übergabe ansteht und ein neuer Chef kommt. Es gilt Ängste in der Belegschaft zu nehmen vor Veränderungen. Immer dann, wenn es um Menschen geht, sind Emotionen im Spiel und diese sind beim Generationenwechsel von besonderer Relevanz.

Ein anderer Punkt, der das Thema Emotionen besonders macht, ist die Tragweite der Entscheidung, gerade aus Sicht der Übergebers. Es geht schließlich um die Trennung vom Lebenswerk. Es geht um das Ende der (hiesigen) beruflichen Tätigkeit. Das Thema Loslassen hatten wir erwähnt. Und dies ist stets mit Gefühlen verbunden. Und wie ich betont habe, vieles an rechtlichen oder formalistischen Herausforderungen lässt sich relativ einfach lösen, mit den Gefühlen sieht dies anders aus. Bei aller Sachlichkeit und Konzentration auf Geschäftliches, so ganz kann sicher niemand immer und überall über seinen Schatten springen, wenn ihm Dinge nicht gefallen. Ist dies zum Beispiel beim neuen Chef aus Sicht eines Mitarbeiters der Fall, ist dessen Professionalität das eine, kommt aber ein etwaig vorherrschendes Problem ans Tageslicht ist die Sache womöglich eine andere – dann vielleicht mit dem Abschied des Mitarbeiters aus dem Unternehmen.

An der Stelle sei erwähnt, dass es Möglichkeiten gibt, Gefühle im Zuge der Unternehmensnachfolge in den Griff zu bekommen. Es braucht klare Regeln und Prozesse. Womöglich bietet sich auch die Einbeziehung von Dritten wie Beratern oder Mediatoren an, um das Thema in der Betriebsübergabe anzupacken. Es braucht offene Kommunikation, um Konflikte zu meistern oder diese im besten Fall gar nicht erst entstehen zu lassen. Aber verzichten Sie am besten exakt auf all diese Optionen. Blenden Sie aus, dass Sie oder beteiligte Personen, egal ob Familie, ob aus dem Unternehmen oder sonstigem Umfeld Gefühle haben. Und selbst wenn, spielen diese keine Rolle, denn Sachlichkeit ist Trumpf! Und bereiten Sie sich als Übergeber bitte auch mental nicht auf ein Leben nach Ihrer beruflichen Karriere vor. Dann ist Ihnen eventuell das Gefühl der Antriebslosigkeit und eigenen Nutzlosigkeit ein wenig sicherer!

Fazit

Was sollten Sie tun, damit Sie sicherstellen, dass der Generationenwechsel in Ihrem Unternehmen scheitert? Die gute Antwort lautet, es gibt eine Vielzahl an Handlungsalternativen. In Summe neun Empfehlungen habe ich Ihnen gezeigt – vom Verzicht auf Planung, über die möglichst späte Befassung mit dem Unvermeidbaren, über das Streben nach einem höchstmöglichen Finanzpolster für Ihren Ruhestand, bis hin zum Beharren auf der Erbfolge innerhalb Ihrer Familie und das Ausblenden von Emotionen. Diese sind es, die die Unternehmensnachfolge zu einer besonderen Herausforderung machen.

Literatur

BMWi (2019) Unternehmensnachfolge – Die optimale Planung. Bundesministerium für Wirtschaft und Energie, Berlin

BMWi (2021) Unternehmen führen. Unternehmensnachfolge. https://www.existenzgruender. de/DE/Unternehmen-fuehren/Unternehmensnachfolge/inhalt.html. Zugegriffen: 23. Apr. 2021

DIHK (2019) DIHK-Report zur Unternehmensnachfolge 2019. Deutscher Industrie- und Handelskammertag (DIHK) e. V., Berlin

DIHK (2021) Unternehmensnachfolge: Herausforderungen werden mit Corona noch größer. Deutscher Industrie- und Handelskammertag (DIHK) e. V., Berlin. https://www.dihk.de/ de/aktuelles-und-presse/aktuelle-informationen/pandemie-bremst-generationswechsel-in-den-betrieben-34676. Zugegriffen: Apr. 2021

Genders S (2020) Nachfolgereport Mainfranken 2020 – Eine Untersuchung der IHK Würzburg-Schweinfurt. IHK Würzburg-Schweinfurt, Würzburg

Institut für Mittelstandsforschung (2018) Unternehmensnachfolgen in Deutschland 2018 bis 2022. Daten und Fakten Nr. 18. R Kay, O Suprinovic, N Schlömer-Laufen und A Rauch. Institut für Mittelstandsforschung (IfM), Bonn

KfW (2019) Nachfolge-Monitoring Mittelstand: Entlastung bei Nachfolgen auch dank mehr Übernahmen – Externe Investoren gesucht. KfW Research Fokus Volkswirtschaft (274) M Schwarz. KfW, Frankfurt a. M. https://www.kfw.de/PDF/Download-Center/Konzer nthemen/Research/PDF-Dokumente-Fokus-Volkswirtschaft/Fokus-2019/Fokus-Nr.-274-Dezember-2019-Nachfolge.pdf

KfW (2020) Nachfolge-Monitoring Mittelstand 2020: Gut vorbereitet in die Krise – Corona verschärft Gründungsengpass. KfW Research Fokus Volkswirtschaft (308) D Leifels. KfW, Frankfurt a. M. https://www.kfw.de/PDF/Download-Center/Konzernthemen/Res earch/PDF-Dokumente-Fokus-Volkswirtschaft/Fokus-2019/Fokus-Nr.-274-Dezember-2019-Nachfolge.pdf

Aus Fehlern lernen: Wie geht es besser?

4

In Kap. 3 habe ich Ihnen die neun wichtigsten Schritte gezeigt, wie Sie Ihre Betriebsübergabe zum Scheitern bringen können. Lassen Sie mich Ihnen ein Geheimnis verraten: Schön wäre es, wenn Sie diese Ratschläge nicht befolgen! Freuen würde mich, wenn Sie sie sich zu Herzen nehmen, sie aber möglichst vermeiden. Wir brauchen einen erfolgreichen, auch familiengeführten Mittelstand. Es muss gelingen, zukünftige Generationen für Unternehmertum zu begeistern. Aus diesem Grund möchte ich Ihnen hier nochmals kurz und prägnant die „richtigen" Empfehlungen an die Hand geben (Tab. 4.1)! Prägen Sie sie sich ein, schreiben Sie sich die Gedanken auf (oder legen Sie dieses Buch an einen Platz, wo Sie es ständig finden). Ich danke Ihnen!

Wichtig ist, dass Sie die Unternehmensnachfolge als strategische Herausforderung sehen. Planen Sie sowohl die Betriebsübergabe in langer Sicht als auch den konkreten Übergabeprozess. Das schafft Sicherheit und bietet Handlungsoptionen. Agieren Sie mit Offenheit und Transparenz soweit dies möglich ist. Ziehen Sie relevante Personen zu den passenden Zeitpunkten in die Entscheidungsfindung mit ein. Dies schafft nicht nur Vertrauen, sondern eröffnet Wege, die Sie selbst nicht unmittelbar auf der Agenda haben. Bitte fangen Sie frühzeitig mit der Auseinandersetzung an. Eine generelle Überlegung dahingehend, wann Sie gedenken, den Staffelstab weiterzureichen, kann sehr frühzeitig erfolgen, die Suche nach dem geeigneten Nachfolger sollte auch mit Vorlauf geplant werden, denn Sie haben gesehen, es gibt einen Angebotsüberhang. In Sachen Nachfolgersuche gilt es, sich viele Optionen offenzuhalten. Selbstredend liegt die Übergabe innerhalb der Familie nahe. Aber zwingen Sie niemanden zu seinem Glück. Auch Mitarbeiter oder externe Dritte können durchaus in der Lage sein, Ihr Unternehmen in Ihrem Interesse in die Zukunft zu führen. Denken Sie daran, dass Sie nicht allein sind. Einzelkämpfertum ist definitiv fehlplatziert. Und wenn Sie schon den

S. Genders, *Generationenwechsel im Mittelstund*, essentials,
https://doi.org/10.1007/978-3-662-64218-4_4

Tab. 4.1 To-Do-Liste für den erfolgreichen Generationenwechsel	1.	Planen Sie Ihre Unternehmensnachfolge!
	2.	Achten Sie auf Kommunikation und Transparenz!
	3.	Agieren Sie mit Weitsicht und Vorlauf!
	4.	Finden Sie den geeigneten Nachfolger!
	5.	Ziehen Sie Expertenrat und Netzwerke hinzu!
	6.	Lassen Sie los!
	7.	Achten Sie auf Ihre (finanziellen) Ziele!
	8.	Sichern Sie sich gegen Risiken rechtzeitig ab!
	9.	Vergessen Sie nie die Gefühle!

Betrieb übergeben, dann tun Sie dies auch. Lassen Sie los und vertrauen Sie darauf, dass Ihre Nachfolger dies schon richtig machen. Auch rate ich Ihnen, dass Sie einerseits mit Blick auf Ihre Ziele durchaus klar sind, wenn es um die Festlegung eines Kaufpreises geht. Denken Sie aber auch daran, dass ein Übernehmer für Ihre Sentimentalität keinen Preis zahlen wird. Und zudem sollten Sie nicht vernachlässigen, dass Sie dem Nachfolger keine zu großen Steine in den Garten werfen dahingehend, dass zum Beispiel ein familieninterner Nachfolger den von Ihnen geforderten Kaufpreis niemals mit dem Unternehmen erwirtschaften wird können. Zudem empfehle ich Ihnen, stets auf das Unwägbare vorbereitet zu sein. Sichern Sie Risiken soweit möglich ab, gerade gegen den Ausfall des Chefs sollte das Unternehmen gesichert sein. Und zu guter Letzt: um Emotionen kommen Sie nicht herum – also stellen Sie sich darauf ein, dass Sie es stets (zum Glück) mit Menschen zu tun haben.

Insofern Sie sich konkretere Tipps erwartet haben im Sinne von „In Ihrem Falle empfehle ich Ihnen einen Asset Deal, weil ..." oder „Ein MBO bei Ihnen geht nicht, weil ...", dem helfen meine Tipps nicht. Aber das ist auch egal, denn dies war nicht mein Ziel. Nutzen Sie lieber meine gedanklichen Leitplanken und die vorher genannten Ratschläge zum Scheitern lieber dazu, sich zunächst gedanklich auf das große, komplexe Thema der Unternehmensnachfolge einzustellen. Werden Sie sich bewusst, das es sich um eine Gemengelage handelt, die man anpacken muss. Die generelle Befassung mit den Inhalten ist zunächst die zu meisternde Hürde, die Ihnen gelingen muss. Ist der große erste Schritt einmal getan, folgen die vielen kleinen Schritte und die damit einhergehenden Details vergleichweise einfach.

Fazit

Die Unternehmensnachfolge ist komplex und kompliziert. Es gibt viele Chancen, dass Sie Ihre Unternehmensübergabe zum Scheitern bringen können. Wichtig ist aus meiner Sicht aber, dass Sie alles tun, um ebendies zu vermeiden. Mit neun Empfehlungen möchte ich Ihnen eine To-Do-Liste für einen erfolgreichen Generationenwechsel an die Hand geben, die Sie sich bitte verinnerlichen und ständig vor Augen halten sollten. Vielen Dank!

Ausblick 5

Liebe Leserinnen und Leser,

herzlichen Glückwunsch und Gratulation! Sie haben das Buch bis zum Ende gelesen. Ich hoffe, es hat Ihnen gefallen und Sie konnten einige Impulse mitnehmen. Meine Hoffnung liegt hierbei darin, dass Sie nun erkennen, welche Stellschrauben existieren, damit Sie den Generationenwechsel in Ihrem Unternehmen in die richtigen Wege leiten können – welche Richtung Sie hierbei einschlagen zu denken, ob den des Scheiterns oder denjenigen, dieses zu vermeiden, überlasse ich Ihnen selbst. Mir bleibt am Ende dieses Buches nur die Rolle des Moderators und des Schreibers für den Abspann.

Die Unternehmensnachfolge und der Generationenwechsel sind Themen von enormer gesellschaftspolitischer Tragweite. Die Besonderheit liegt hierbei darin, dass die Impulse hierzu von zwei Seiten gleichzeitig kommen. Der demografische Wandel führt auf der Angebotsseite dazu, dass immer mehr Unternehmen beziehungsweise deren Inhaber in ein Alter kommen, in denen sich die Frage der Nachfolge stellt oder zumindest stellen sollte. Dem steht entgegen, dass auf der Nachfrageseite mangels Gründungsdynamik bei weitem nicht von einer neuen Gründerzeit gesprochen werden kann. Dabei ist es von enormer Wichtigkeit, dass es gelingt, den Generationenwechsel im Mittelstand zu schaffen. Wir profitieren hierzulande wie kein anderes Land von einer heterogenen und erfolgreichen mittelständischen Struktur, dies es zu erhalten gilt.

Die Politik erkennt die Bedeutung der Unternehmensnachfolge langsam. Fatal ist aber, dass es leider nicht den einen Knopf gibt, den es zu drücken gilt, um die Herausforderung zu lösen. Hinzu kommt, dass einige Ansatzpunkte erst eine hohe Investition erforderlich machen, um zu späterem Zeitpunkt eine Rendite absehbar zu machen. Mit Blick auf die Möglichkeiten der betroffenen Unternehmen selbst habe ich Ihnen neun Empfehlungen an die Hand gegeben, die Ihnen helfen, dass Ihr Generationenwechsel mit hoher Wahrscheinlichkeit scheitert. Zu spät starten,

S. Genders, *Generationenwechsel im Mittelstund*, essentials, https://doi.org/10.1007/978-3-662-64218-4_5

mit niemandem über das Vorhaben sprechen, alle Fragestellungen in Eigenregie autodidaktisch sich selbst aneignen, Menschen in Verantwortung zwingen oder deutlich überhöhte Kaufpreisforderungen – die Alternativen liegen auf der Hand. Sie müssen, wenn Sie ein potenzieller Übergeber sind – nur zugreifen. Oder Sie lassen es und machen es genau anders herum! Es liegt bei Ihnen.

Was Sie aus diesem *essential* mitnehmen können

- Es gibt viele (in Summe neun wesentliche) Stellschrauben, um den Generationenwechsel zum Erfolg oder zum Scheitern zu führen.
- Das Thema Unternehmensnachfolge besitzt eine enorme gesellschaftspolitische Relevanz und verdient eine stärkere Aufmerksamkeit.
- Die Besonderheit im Generationenwechsel liegt darin, dass Herausforderungen von zwei Seiten bestehen: der Übergeber- sowie der Übernehmerseite.
- Demografischer Wandel einerseits, lahmende Gründungs-/Nachfolgedynamik andererseits – beides gefährdet mittelständische Strukturen hierzulande.
- Aufgrund der Brisanz des Themas Generationenwechsels und mittel- bis langfristiger Wirkung politischer Maßnahmen ist es wichtig, rasch zu handeln.
- Positiv: Unternehmensinhaber haben es weitgehend selbst in der Hand, ihren eigenen Generationenwechsel zu meistern.

© Der/die Herausgeber bzw. der/die Autor(en), exklusiv lizenziert durch Springer-Verlag GmbH, DE, ein Teil von Springer Nature 2021
S. Genders, *Generationenwechsel im Mittelstund*, essentials,
https://doi.org/10.1007/978-3-662-64218-4